从前有书个生

大唐篇

房昊 著

天津出版传媒集团

百花文艺出版社

图书在版编目（CIP）数据

从前有个书生. 大唐篇 / 房昊著. -- 天津：百花
文艺出版社，2024.1（2024.6 重印）
ISBN 978-7-5306-8705-5

Ⅰ.①从… Ⅱ.①房… Ⅲ.①中国历史–唐代–通俗
读物 Ⅳ.①K209

中国国家版本馆 CIP 数据核字(2023)第 235513 号

从前有个书生：大唐篇

CONGQIAN YOU GE SHUSHENG：DATANG PIAN

房昊　著

出 版 人：薛印胜
选题策划：唐冠群
责任编辑：胡晓童
装帧设计：丁莘苁
出版发行：百花文艺出版社
地址：天津市和平区西康路 35 号　　**邮编：**300051
电话传真：+86–22–23332651（发行部）
　　　　　　+86–22–23332656（总编室）
　　　　　　+86–22–23332478（邮购部）

网址：http://www.baihuawenyi.com
印刷：天津新华印务有限公司
开本：787 毫米×1092 毫米　　1/32
字数：217 千字
印张：11.625
版次：2024 年 1 月第 1 版
印次：2024 年 6 月第 2 次印刷
定价：56.00 元

目 录

第五部分　那场由盛转衰的大祸

第六部分　文丞武尉

第一部分　万国来朝的贞观

那年天下不太平，北边的突厥控弦百余万，史称"北狄之盛，未之有也"。

无论百姓还是诸侯，对突厥人而言，都是可以肆意凌辱的鱼肉，任意勒索的肥羊，往往是去年在此地烧杀抢掠，今年此地的诸侯，还要为他们备好金银珠宝。

颉利可汗高视阴山，有轻中华之志。

武德九年，从玄武门杀出一条生路的李世民刚登上帝位，颉利可汗就兴致勃勃，要给新主事的"肥羊"一个下马威。

二十万兵马长驱直入，扑到长安城外、渭水桥边。

他要跟李世民定城下之盟。

八百年前，汉高祖初定天下，被匈奴人在白登山围了七天七夜，彼时彼刻，恰如此时此刻。

江山残破，人心思定，面对强大的外族只能忍气吞声。

大汉忍了百年,这百年之中,边关多少家破人亡血,多少妻离子散泪,都藏在文景之治的荣光之下。

李世民当然也只能先忍。

只是他才二十八岁,他没有刘邦老成持重,年少气盛的人忍不了那么久。

大唐忍了三年,这三年里李世民顶着水灾蝗灾、零星叛乱,硬是把国力撑了起来,然后整军出塞,北伐突厥。

历史上控弦百万,前所未有的强盛的游牧帝国,被一战打残。

连颉利可汗都被擒回长安,开启了他载歌载舞的后半生。

他当然也有怨气,他或许还诅咒过大唐,心说你三年就来北伐,一定会民不聊生,我等着你这天下水深火热,重蹈隋炀帝的覆辙。

然后一天天过去,颉利可汗就蒙蒙地看着大唐蒸蒸日上,看着大唐万邦来朝。

颉利可汗到死都不明白,这究竟是怎么做到的。

其实第一次对上突厥,还是李世民十六岁的时候。

那年隋炀帝杨广避暑汾阳宫,北边就是突厥,他想起自己这些年四海归心的丰功伟绩,志得意满,顺路去北疆巡视。

然后迎面撞上洋洋洒洒的突厥兵。

有人说是二十万,有人说是四十万,总之无边无际,把整个雁门郡围得结结实实。

雁门郡四十一城,突厥军连破三十九城,奸淫掳掠,无恶不作。

而杨广被围雁门,漫天箭雨落在身前,还未伤他分毫。这位惯把百姓的伤亡当盛世数字的千古一帝,当场恐惧大哭,史称:目尽肿。

这般情境下,十六岁的李世民登场。

那年李世民正在云定兴军中,云定兴匆匆率兵赶到雁门时,望着层层叠叠的突厥军,目瞪口呆。

隐隐约约,他们似乎还能听到突厥始毕可汗的大笑。

对这位可汗,云定兴很熟悉,十六岁的李世民也很熟悉。

当初突厥内乱,始毕可汗的父亲启民可汗来大隋求援,正是大隋的支撑,才让他夺回地盘与兵马。这本来很正常,扶持弱小的,攻击强大的,是经营北疆的不二战略。

只是没想到启民可汗的对头忽然病死,几年之后,东突厥再次一统。

那时杨广还沉迷在四海归心的虚荣感里,对启民可汗大加赏赐。自始毕可汗上位,杨广又开始把他的其他梦想照进现实。

大兴徭役,修运河宫殿,又发兵辽东。

无数流民逃去突厥,始毕可汗望着麾下越来越多的兵马,忽然就明白了。

既然你都鱼肉自家百姓,那我凭什么不去烧杀抢掠? 当初中原人强横,所以我爹隐忍,多年隐忍不就是为了今日出头吗?

无刀无枪的庄稼汉都不愿任打任杀,我百万大军凭什么陪你做千古一帝的春秋大梦?

遂围困雁门,劫掠四方。

这是杨广的报应,代价却要由边关百姓承担。

云定兴没想这些,他想雁门城里的粮食只够撑二十天,二十天能有多少勤王部队赶到?

自己这是来救驾,还是来送死?

云定兴又想,那如果不冲过去送死,日后杨广脱困,自己死罪可免,乌纱怕也没了。

云定兴对未来也很恐惧。

李世民没想这些,自入雁门以来,他见到的都是尸骨,赤裸的姑娘也好,肝脑涂地的婴儿也罢,更多的地方空空荡荡,全被突厥掠走。

边关的朔风吹来,夹杂着牛羊马粪的气息,宛如刮骨弯刀。

李世民想:我会为你们报仇的。

十六岁的少年振衣而起,世家门阀里的责任感混杂着草莽游侠的中二情怀,李世民望着这些画面,油然生出一股"我来收拾江山"的豪气。

于是忧惧的云定兴,见到了无畏的李世民。

"你能献策退敌?"

云定兴上下打量着李世民,这少年英姿勃发,目光凌厉,走路龙行虎步,一举一动都带着意气风发与肆意跳脱。

十六岁的李家二公子啊,云定兴忽然觉得自己老了。

李世民施礼,随后一双明眸落在云定兴脸上,缓缓道:"其实不用破突厥,也能救天子。"

云定兴一头雾水。

李世民又道:"如果能吓走突厥,自然不用打这一仗。"

云定兴坐直了问:"怎么吓走突厥?"

李世民的声音稳定而清朗,他说:"我们知道没有多少援军抵达,突厥知道吗?突厥知道如今江山动荡,他们知道动荡到何等程度吗?突厥多骑兵,本就没多少攻城器械,能捞一把已经是心满意足,这时老有大军赶到的迹象,突厥凭什么不信,凭什么不走?"

云定兴有点呆,他下意识道:"你这是在用陛下的安危赌……"

"陛下在雁门,本就千钧一发,何谈赌与不赌?"李世民断然开口,直视云定兴道,"将军能救陛下,只有这一条路!"

云定兴倒吸一口凉气,盯着李世民上看下看,李世民就站在那儿,站得笔直,宛如擎天长剑。

咬咬牙,云定兴大手一挥,决定听李世民的。

其实雁门救驾,也算是饱和式救援,有远在北方的和亲公主诈称突厥边疆动荡,请始毕可汗回军,而四方援军也切实在赶来。

所以李世民最后布出疑兵之计,就成了压倒骆驼的那根稻草，始毕可汗决意退兵。

那一次，不少人都记住了这个十六岁的少年。

而李世民望着想来就来想走就走的突厥兵马，只记住了路边赤裸的姑娘、倒毙的婴儿。狗天子的哭声其实不算什么，但那些画面，足以称得上屈辱与仇恨。

且把这份血债记下，李世民拨马回头。

云定兴后来也想过，虚张声势这一招其实不难，为什么自己就想不出呢？

几年过去，他想明白了，因为自己只看到了自家江山如何，只看到了两军交战难以取胜，从没想过突厥人要什么，突厥能付出什么样的代价。

更看到自己性命与陛下生死息息相关，所以才不敢战也不敢赌。

为什么李世民能洞察突厥的目标，为什么他敢赌？

当一个将领，目光不只落在战局上，还落在突厥的开战目的，落在双方的心态，连一朝天子的安危也可以排除在胜负之外，这是什么样的将领才具备的天赋？

云定兴脑子里掠过刘邦、刘裕、杨坚等名字……他打了个寒战，决定什么都不说。

都是大佬，惹不起。

再遇到突厥人的时候，大隋的江山已七零八落，诸侯林立。

而无论是刘武周还是薛举,乃至李渊起事,只要想在西北立足,都要为突厥献上金银珠宝,承诺年年进贡,才能换来快马强军。

李渊这边,一力推进与突厥联盟的正是李世民好友刘文静。

李世民就是这样见到突厥人的。

刘文静还劝过李世民说:"如今大家都这样,你不这样,就发育不起来,发育不起来,就没办法报仇。卧薪尝胆这回事,你比我懂吧?"

没法子不懂,李渊对突厥称臣,在外交上断了西秦一臂,使李世民浅水原一战打得更加酣畅淋漓,彻底打出了他前线固守,四方侵袭,制造战机,一击决胜,最后千里追杀,一把火烧穿这个天下的名将风采。

如果突厥人在,李世民最后的千里追杀,或许就不能逼降西秦首领。

所以他看着自家老爹对突厥称臣,重金贿赂,让突厥人放弃支援西秦,也不得不说这是外交上的妙棋。

庆功宴上,李世民多喝了几杯。

回头拉着好朋友唐俭,双目通红说:"要是我够强,能将西秦和突厥一起灭掉,是不是就不用对那群狗东西低头了?"

唐俭打了个哆嗦,说:"你小子犯什么病啊,跟三岁小孩似的。"

李世民嘿嘿一笑，说："算了，我先强着试试，真有那一天连突厥带叛逆一起打，我不能没这份底气。"

唐俭瞅着他，一时分不出他是醉话还是真话。

唐俭只知道，几年以后的李世民，是真的强到令人发指。

柏壁之战力挽狂澜，在太原城破、山西已失的情况下把宋金刚、刘武周打残，打得尉迟恭怀疑人生——凭什么他能断我粮，而我一分兵就能被他预判伏击？

虎牢关之战定鼎天下，三千破十万的神话固然有所夸张，但只要李世民提弓上马，亲率三千玄甲军冲阵，所有大唐儿郎都明白，这一战已经稳了。

几年间风云变幻，大唐已有气吞天下之势。

这突厥就坐不住了啊。

四方诸侯对突厥来说不是诸侯，全都是肥羊，无论窦建德、王世充，还是宋金刚、刘武周，乃至李渊，这些肥羊年年上贡，奉上财货。

如今就剩一个李渊。

而李渊上交的财货还跟以前一样多，突厥却平白少了四五份供奉！

这期间始毕可汗病逝，他弟弟颉利可汗继位，封始毕可汗的儿子为突利可汗，两叔侄也不是没想过维持中原大乱的局面，几次三番进攻李唐。

入雁门，围并州，一次掠取男女五千余人，纵横来去。

这就让李渊压力很大。

天天两线作战，随时提防突厥人莽到脸上，李渊的心态特别不稳定。

直到前线传来消息，自家二儿子跟敌军对峙良久，一战破阵，摧枯拉朽般解决了所有抵抗势力，李渊忍不住恍惚起来。

他瞅瞅东边，再瞅瞅北边，冥冥之中有个预感。

那个前所未有的游牧帝国，或许运气不太好，它碰上了同样前所未有的天之骄子。

只是这样的预感很快在突厥人的压力之下被李渊抛诸脑后。后来突厥几次入寇，虽然都被赶走，但每次都换来突厥更猛烈的反击。

武德七年，颉利可汗以举国之力，提刀向南。

关中震动，有人告诉李渊："这是突厥人眼红长安城的繁华，而长安之所以这么繁华，就是因为定都在此。只要迁都，就能避开突厥。"

李渊坐立不安，想了半天觉得这人是在扯淡，但迁都这建议是真的贴心啊。

那会儿李渊都开始派人南下寻觅新都了，太子李建成当然也不会在这种事上跟老爹叫板。

满朝公卿，无一反对。

除了李世民。

八月多雨，李世民就在大雨滂沱里拉住李渊说："父皇何至于此!夷狄边患由来已久,多少年杀我同袍,掳我子民,汉高祖忍辱负重也就罢了,何至于迁都!"

二十五岁的李世民目光灼灼,里边烧出来的都是火,他说:"爹,汉朝忍了三代百年,我不用百年,十年都不用!几年之后,我一定灭了突厥,把颉利可汗擒回长安!"

李渊望着李世民,欲言又止,半晌才道:"那眼下……"

"儿臣领命出征!"

李世民跪在雨里,溅起满地波光。

李渊叹了口气,拍拍李世民的肩膀说:"吾儿早日归来。"

这场仗当然不好打。正是大雨倾盆的时节,关中粮饷转运断了,李世民到了前线跟突厥也没法长久对峙,人困马乏时,那两个突厥可汗领一万骑兵掩杀过来。

身后军心惶惶,身前刀光霍霍,生死一线之间。

你怎么打?

潇潇雨歇,长风猎猎,几百突厥前锋迎面冲来。

李元吉的腿已经开始抖了,他这会儿忽然记起李世民是他二哥,说:"兄长,就一万骑兵,守城还守得住吧?"

李世民摇头说:"守不住。"

李元吉当场心态崩了说:"别啊,凭啥守不住啊!"

李世民没答他,以李元吉守老家太原都能弃城而逃的表现来看,多余跟他废话。如今军心不稳,战已难战,放任万余骑兵四处劫掠,隔断粮道,情况只会越发糟糕。

届时,就只能苦等援兵。

否则就要尽早撤离。但你能跑得过突厥兵吗?即使你能跑得过,身后的边关百姓呢?

所以不能守,不能撤,打也很难打,对面的几百骑兵已经冲到眼前了,还能怎么办?

"颉利为什么这个时候来呢?"

前锋已经冲到城下耀武扬威,李世民还有工夫沉思,李元吉都快哭了,说:"我们粮都断了,突厥人当然会来。"

李世民点点头说:"是啊,我们的粮都断了,那突厥呢?"

李元吉一怔,没懂,什么叫"那突厥呢?"

阴云似铁,秋风肃杀,李世民沉吟片刻忽然回首一笑。

"玄甲军来一百人,随我出城!"

当李世民提枪下城,城门洞前已经列好了百来人的队伍。他安排人盯好了李元吉,盯好了这座城,然后长枪一挥,城门洞开,百余骑兵如风卷残云,冲出城外。

李元吉目瞪口呆。

这是要干吗?

一百来人去冲突厥军阵?

大旗猎猎飞扬,百骑踢踏如雷,溅起的雨水便是拖曳的电光,而电光的起点,正是所向无前的李世民。

数百突厥骑兵眨眼间就被冲过,更远方的一万铁骑蠢蠢欲动，李世民停都不停，直杀到突厥大军面前，杀到那两位可汗面前。

隔河相望！

李元吉惊得要逃，他心说李世民疯了，他疯了！

这还没完，李世民勒马江边，戟指骂道："大唐无负于突厥，可汗屡次犯境，背信弃义，所为何来？我，秦王也，可汗但凡还要几分颜面，上前，与我拔刀生死！可汗若是不来，只想动兵，我这一百袍泽也奉陪到底，必不让可汗得利！"

声音落在水里，溅起天地岑寂。

长河两岸，城头上下，望着大风吹动李世民的大旗，人人失神。

孤军挑战上万铁骑，这是什么样的胆魄？

颉利可汗脑子里冒出来的第一个念头跟李元吉一样，都在想：这小子疯了？

但颉利可汗毕竟不是李元吉，他想：大唐平定天下的第一功臣，怎么可能在阵前发疯？一定是有所凭恃。

四周儿郎都瞅着颉利可汗，等着他的回应。他一时想不通，既不敢过去跟李世民单挑，也不好大手一挥全军渡河。

他只能尴尬而不失礼貌的微笑。

大雨连绵，唐军的后勤受到影响，突厥又岂能毫发无伤？

望着进退两难的颉利可汗，李世民目光更亮，突厥之所以选在此时进攻，不是要打决战，而是一种试探！

这么多天的雨水浸泡,突厥的强弓不知废了多少,再僵持下去,鬼知道是大唐先丧失军心,还是他们先丧失战力。

所以颉利可汗来了。

所以李世民百骑出城,凭的就是颉利看不穿唐军虚实!

望着颉利尴尬又不失礼貌的微笑,李世民又动了。他策马前行,移至突利可汗对面,忽然大声道:"当年你与我指天为盟,急难必相助,今日若还念着这份香火情,不如你来与我一决生死,以定天下局势!"

突利可汗一头雾水。

突利可汗有点蒙。前些年他是见过李世民,那会儿他爹始毕可汗还活着,李渊还称臣,两方的来往也还密切,所以酒宴上的场面话也多,你何至于当真呢?

突利可汗没反应,李世民重重叹了口气,这声长叹重到令河对岸都听得清楚。

颉利可汗眉头一皱,觉得李世民今天极其不正常。

然而更不正常的来了。李世民只带百骑,见叔侄俩都不与他单挑,他竟真的长枪一挥,当先渡河!

颉利可汗眼皮猛跳,千钧一发之际,他终于想出李世民的凭恃!

指天为盟,急难必助。

自家兄长的这位儿子,很可能就是李世民的援军!

否则他怎么敢百人冲阵?那句以定天下局势,焉知不是用我的脑袋来定的？

玄甲军冲开阵脚，突利乱中鸣镝，完事兜头箭雨洒落自己头顶。

这剧情颉利可汗刹那间就脑补完整。

所以思绪电闪，一念未止，颉利可汗已陡然抬头，对将渡过河水的李世民扬声喝道："秦王何至于此！我本无意刀兵，只是来与大唐议事，与秦王议事耳！"

这话说完，颉利可汗犹觉不够，当场挥出令旗引军后撤。

突利可汗一头雾水。

怎么就撤了呢？对面送过来了你咋还撤了呢？

河对岸的城头上，李元吉也蒙了，他从头蒙到尾，半点儿都看不懂李世民的操作。

是原来只要莽上去，突厥就会自己退兵的意思吗？

这是一出经典的空城计，莽过去的勇气，暗藏玄机的说辞，显得李世民又腹黑又霸气。

望着突厥兵缓缓退走的黑潮，李世民也没什么得意之情，其实要唱空城计，往往是不得已，真有本事早直接动手了，谁费脑子离间恐吓啊！

李世民吐出口气，心想：你等着，不出五年，我叫你能歌善舞。

那年的长安不太平，玄武门后的血还未干，渭水河畔的狼烟又起。

刚刚反杀了亲兄弟,保住了战场袍泽的李世民抬眼向北,似乎能见到颉利可汗那张贪得无厌的笑脸。

其实有时候李世民也庆幸,颉利可汗毕竟不是冒顿,他虽然有轻中原之意,却没有五胡乱华之心,永远想的是抢一波就走。

所以这次李靖也对李世民说:"长安空虚,咄苾图财,倾府库之财,足以让他退走。"

这时的李世民还不到三十,他摆了摆手说:"你不用管我,你去北边,沿路领兵,给我断了这群狗东西的后路。"

李靖沉默了一下,领命而去。

尉迟恭也在边上候着,略显兴奋地说:"怎么着,先打他娘的一仗?"

李世民笑起来,说:"不错,既然他们远道而来,长安再没兵马,也得打他娘的一仗!"

尉迟恭带队去了前线,在离长安城四十里的泾阳阻击突厥侧翼兵马,大获全胜。李世民则发动长安百姓,穿上戎装夹杂在万余兵马里,当颉利可汗一到就在城头上一动不动。

寒光照铁衣,别有一番声势。

颉利可汗觉得这场面有点熟悉,好像前几年刚发生过。

空城计,这看起来还是空城计!

颉利可汗不傻,还知道派出心腹当使者,去长安城里探虚实。

只是他怎么也没想到,派出去的使者回不来了!

使者很恐惧,他来的时候有多嚣张,在见到李世民之后就有多恐惧。他刚说了一句话,说:"二可汗将兵百万,今至矣。"

话音未落他就听李世民轻描淡写地说:"你们突厥人还要不要脸了!朕没少给你们金帛,也不是没跟尔等和亲,三番五次引兵深入,烧杀抢掠,你们就算是夷狄,也总该当个人吧?不心怀愧疚,还来朕面前大放厥词……"

李世民顿了顿,目光如刀,盯着使者道:"朕现在明白了,有些人不去死一死,是没法懂事的。"

使者迎着那目光,下意识涌出一个念头:他是认真的!

使者扑通跪下,疯狂叩头,只说:"饶了外臣性命,且容外臣把这些话带给两位可汗。"

李世民不说话。

几位大臣来劝,李世民忽然笑了,他指着使者道:"现在放了他,咄苾还以为朕怕了。"

"不用放,什么时候他的可汗走了,再让他跟着走吧。"

拍拍袖子,李世民起身出殿,要亲自去见兵临渭水、长安城外的颉利可汗。

大臣们惊了,说:"陛下千金之子坐不垂堂啊!"

空城计也不是你这么玩的啊!

李世民还在笑,他指着城外说:"其实这次不用吓唬他们,这也不是什么空城计,朕本可以死守长安,等李靖断了他们后路,尉迟恭骚扰突厥侧翼,朕领兵劫营,必能击溃突厥。"

"颉利可汗人不傻,他没拦住李靖,又没打退尉迟恭的时候,就该想到此处。"

大臣们茫然,说:"既然如此,那陛下为何还要出去?"

李世民反而不笑了,他叹息说:"'死守长安'四个字,要死多少百姓?'击溃突厥'四个字,又有多少后患,多少散落在中原的血案?"

"天下初定,该让百姓休养生息,朕丢点脸,不算什么。"

天策上将李世民说完这句话,面无表情踏出殿门跨上马。任谁都能看出来,丢点脸这件事对他来说,可太算什么了。

这点脸不找回来,他就不是李世民。

当日李世民去渭水河畔,还是把颉利可汗骂了一顿。颉利可汗瞻前顾后,还是不敢上,他也不是完全看不出对面的军容有点诡异,但他草原儿郎控弦百万,随时想来就来想走就走,何必要跟你赌城下输赢?

反正是自己兵临城下,这一路上已劫掠不少,再跟你定城下之盟,你不当场给我点财货,也得在盟约里定点东西吧?

几天后,李世民跟颉利可汗杀白马为盟,各自退兵。

回城之后的李世民,脸色肉眼可见地沉下来。

城下之盟啊,老子什么时候受过这委屈,空城一次就很丢人了,要不是李靖、尉迟恭靠谱,还要空第二次!

朕不要面子的啊!

反攻，一定要反攻！

只是想反攻，就要有军备，有钱粮，这些年天下大乱，民生凋敝，上哪儿去搞出塞的钱粮？

"休养生息"四个字，汉朝花了四十年，李世民要花多少年？

要怎么治理天下，怎么休养生息，这当然要找一群大臣来开会。下面一群人在吵，二十八岁的李世民听得津津有味。

封德彝跳出来说："乱世里走出来的人，多少有点轻生死、重钱粮的感觉，想要稳定局势，就要学大秦，严刑峻法。"

魏征笑了："呵呵。"

封德彝瞪他，说："你笑什么？大乱之后想要大治，去除残忍好杀之风，贤明之人为政百年，先以严刑峻法为约束，再用仁德礼仪来教化，才有望达成，岂是容易之事？"

李世民点点头，颇以为然。

魏征幽幽开口，说："百年而治，那是庸人，真有明君施政，上下一心，四方响应，三年成功犹嫌太晚。"

封德彝一头雾水。

李世民激动了："这个好这个好，就要三年成功犹嫌太晚。来，展开讲讲。"

那时魏征刚从太子府转过来，这是他作为同僚，第一次来到群臣面前露脸。他说："百姓久经战乱之苦，对安宁稳定如鱼渴水，只要能让百姓有口饭吃，百姓就愿意配合，反而严刑峻法，动辄得咎，才会激起百姓对乱世的记忆。"

封德彝恼了，说："书生之言，误国误民。三代以下，人心日渐诡诈，所以秦朝专以严刑峻法，汉朝王霸并用，不是不想教化，而是不能教化。到你这儿要宽仁以待，此败乱之道也！"

魏征冷笑，说："既然你也知道三代之前，大乱之后就能大治，逐鹿之战结束后，仍旧可以缔造太平盛世，凭什么现在不能？凭你说人心日渐诡诈吗？人心真要是这么易变，几千年过来人间的全该是鬼魅，什么王道霸道，谁都别治了！"

封德彝哑口无言。

李世民朗然大笑，说："好，朕所好者，正是尧舜孔周之道，以此治国，不可暂无！"

定下施政方针后，李世民又多看了魏征几眼。

啧，这人还挺可爱的。

彼时的李世民还不知道，自己将在未来的很多年里，被他从公到私盯着怼。

只是要行仁政，就肯定得轻徭薄赋。

轻徭薄赋，就没钱北伐。

房玄龄这会儿站出来，说："其实我们是可以有钱的。"

李世民挑了挑眉，说："钱从哪儿来？"

房玄龄说："朝廷有朝廷的难处，也该让这些世家子体谅体谅朝廷的难处了。当初先帝为笼络人心，割置州县，官吏之多数不胜数，只要把这些官吏都免了，自然能省一大笔钱。"

房玄龄顿了顿，又说："只是天下初定，这么一来恐怕各地会有乱子。"

李世民笑了，说："让他乱，正愁没地儿练兵呢。"

遂削平州县，划为十道，真正把大唐的统治深入到县级吏员之中。长安城里三省六部越发精简，房玄龄把改完的官位呈上去，比原来少了五分之四。

李世民哈哈大笑，说："房相好大的魄力！"

这么一来，固然四处蠢蠢欲动，但在李世民的目光之下，硬是掀不起大浪。

而精简官员带来的良性循环，正是地方官对朝廷政令的尽职尽责。三年过去，大唐硬扛着天灾，竟还真有了盛世初开的景象。

真是硬扛天灾啊。

贞观元年，日食、灾荒；贞观二年，蝗灾；贞观三年，旱灾。

第一年李世民就派钦差巡察各地受灾农田，救济百姓；第二年遍查关内，百姓已到了卖儿卖女的地步。发金银替百姓赎回儿女，李世民发罪己诏，说："若使年谷丰稔，天子乂安，移灾朕身，以存万国，是所愿也，甘心无咎。"

是所愿也，甘心无咎。

那个飞扬跳脱的少年，同样也是殚精竭虑的好皇帝。

贞观三年，大唐旱灾的同时突厥大雪，其实前两年突厥的风雪也不小，只是颉利可汗显然没有李世民处理灾情的诚心。

他的应对方式，就是再苦一苦百姓。

先苦一苦其他部落的百姓，压榨牛羊来补充自己的部落，然后再苦一苦自家部落，维持自己的奢靡生活和三军的忠心。

这些年，大唐的名将被李世民一个个丢去了边关，他处理灾情的同时不忘北伐的战略布局，就像他打过的那些名场面一样，先把突厥人逼得不得不战，再制造机会一击决胜。

那三年里，边关战事未曾断绝，有大臣提议重修长城，被李世民否决了。

他笑嘻嘻地说："不用不用，秦朝修长城死了多少人，其实灭了突厥，就不用修长城了。"

大臣一头雾水。

自贞观二年起，李靖就被李世民送去了边关。临行的时候，李世民拍着李靖的肩膀，说："到了那边你全权指挥，我就提个建议。前些年我离间过颉利跟突利，这会儿突厥压榨其他部落，草原上乱得很，要是有机会，你把突利给挖过来。"

李靖这人平时很稳重，沉寂了几十年，向来不说大话。

他只说："臣尽力而为。"

然后就把突厥的内乱挑得更大。突利可汗跟颉利可汗打了一场恶仗，突利可汗南逃归唐。

像这样的布置还有很多。李绩去了并州，张公瑾屯田代州，常年窥见突厥虚实，终于在贞观三年上奏，说："颉利众叛亲离，突厥虽大，一战可破也！"

随后，就是李靖狂飙突进，连夜翻过阴山，长途奔袭，三千人直捣黄龙,沿途放出消息说大唐三军已尽数杀到。

颉利可汗一日数惊,又不知大唐兵马在何处。当李靖带着三千人浩荡冲来之时,前面全是他各个部落的溃兵,惊得他全无战意,仓促抵挡之下,李靖风一般就杀进了定襄城。

颉利可汗当场跑路。

三千兵马破袭都城,打法极其干净利落,一战梦回冠军侯封狼居胥。

所谓善战者无赫赫之功,说的就是这种。

这场举重若轻的战役之后,颉利可汗终于慌了。他也不知道怎么回事,控弦百万的突厥怎么就一败涂地了呢?他想一定是天气原因,他开始请降,要等来年春暖马肥,再卷土重来。

只可惜他没有机会了。

李世民派人跟颉利可汗和谈,派去的人正是李世民的老朋友唐俭。唐俭口若悬河,在突厥大营里跟颉利可汗相谈甚欢。

李靖的兵马忽然就到了。

唐俭一头雾水。

唐俭来的时候就有这种预感,自己的谈判只是幌子。李靖这人一到战场就跟疯了一样,全然没有平时稳重的模样,他也好,才三十岁的当今圣上也罢,绝对是要趁势灭了东突厥的!

但没想到李靖连个招呼都不打啊!

其实李靖出兵的时候,就有人提醒过他使者还在那边。

李靖说:"正因为使者在,可汗必不防备,能一网成擒。当年韩信攻齐,不就是这副样子?灭突厥后,我再向唐兄请罪。"

唐俭一头雾水。

要是我死在里头你上哪儿请罪去?

唐俭没死,因为这波灭突厥之战着实打得太果断。

那会儿苏烈于李靖麾下听命,正是先锋,二百人趁着夜间大雾,摸到了可汗营寨附近。

天公不作美,恰巧大雾就在此时散了,苏烈和袍泽都在显露身形。突厥人和苏烈都面面相觑,儿郎们看着连绵的突厥营寨诚惶诚恐,问:"现在怎么办,撤吧?"

苏烈笑了,说:"逃?不,我们干他娘的。"

遂以二百人突袭大营,突厥人手忙脚乱,被苏烈的刀光点燃,烧成了一片飞灰。

李靖大军随后杀到,突厥人溃不成军。颉利可汗连杀唐俭的时间都没有,他只是犹豫了片刻,就听到帐外的杀声越来越近。

颉利可汗掉头就跑。

唐俭面带微笑,内心慌得像狗。

颉利可汗最终还是没跑掉,被其他几路大军擒获,东突厥至此灭亡。

顺便提一嘴,这里的苏烈苏定方,后来征讨西突厥时又披甲上阵,那会儿苏烈六十三岁了。

苏烈赶到战场的时候,唐军被敌军夹击围困,艰难得很。

部下变了脸色,说:"赶紧去救吧。"

苏烈摇了摇头，说："你们看见突厥人的后军了吗？我们绕到那儿去。"

遂率五百骑冲入敌阵，大破敌军，追奔二十里，杀一千五百余人，获马两千匹，死马及丢弃的盔甲绵亘山野。

苏烈横刀沙场中，顾盼自雄。

天策上将麾下，真的是名将辈出。李世民的战略目光和用人不疑，缔造了从城下之盟到灭国复仇只用了三年的传奇故事。

前半生作威作福的颉利可汗，在太极宫里载歌载舞的时候，怎么也想不通这故事的逻辑。

而原本从太极宫搬到太安宫，自玄武门之变后就一直心有忿忿的太上皇李渊，在欣赏了颉利可汗的舞蹈后，立刻想起了自己给突厥当孙子的那些年。

于是郁郁寡欢三年的李渊忽然就想通了！

自己这是被儿子忤逆了吗？

这儿子眼瞅着就身兼文景，功比汉武而去了，这不是儿了，这是史书上的千古一帝。

望着颉利可汗，李渊越看越兴奋，当场给颉利可汗弹琵琶助兴。李世民在旁高歌，父子一笑泯恩仇。

欢声笑语，前所未有的游牧帝国轰然倒塌。

而这只是贞观三年。

酒醒后，李世民端坐金殿，四望大唐江山，属于他的时代才刚刚开始。

二

见到李世民以前，尉迟恭从没想过仗可以这么打。

那会儿尉迟恭正处在他人生的顶点，他跟着刘武周和宋金刚破太原，灭援军，威震关中，几乎把山西全数拿下，连李渊这老小子都准备放弃黄河以东了。

所以三军上下，都多多少少有些膨胀。

尉迟恭不膨胀。

因为尉迟恭心里明白，这不是自己太厉害，而是李唐太蠢。

他怎么都想不通，为什么李渊会派他最纨绔的儿子来守太原，天天鞭挞百姓，还把跟自己有仇的将领推出城外，就给兵一百，让他来冲阵破敌。

然后就是尉迟恭欢欢喜喜纳降，回头跟着这将领大破李唐城池的故事了。

而李元吉当场弃城就逃，只带了妻妾家小。

除了李元吉，尉迟恭还想不通，李渊派裴寂来支援是为什么，他向来都是这么勇敢的吗？那裴寂俨然

027

是马谡转世啊，跑到高处扎营，周遭只有一条小河，这操作也太眼熟了吧？

尉迟恭一个打铁的都觉得裴寂脑子有病，分分钟给断了水源。

而更让尉迟恭意想不到的，是断了水源之后裴寂还不走，还想当没事一样移营再找水源。真当你山下那条小河是自然干枯的？周遭肯定早就有敌兵了啊！

于是一群口干舌燥的李唐兵马，被轻而易举地击溃。

那时尉迟恭已经在宋金刚麾下效力，他总觉得像裴寂这样的敌人，一定要放他回去；他不回去，怎么能再领三军来送人头呢？

宋金刚觉得有道理，认为裴寂这样的敌人，才是好敌人。

所以那场大战，裴寂仅以身免。

膨胀的人或许认为全天下都是李元吉跟裴寂，只有尉迟恭不这么想：这场仗自家狂风骤雨般打过去，李唐竟然还想调兵来守山西，这人一定有独到之处。

尉迟恭问过探子，挂帅来援的是谁。

探子说："是秦王李世民。"

这个名字再一次于尉迟恭脑海里掠过，那时他还不知道，这个名字将与他纠葛一生。

"秦王李世民"这五个字，跟李唐为敌的人多多少少都听过。尉迟恭去找宋金刚，神色肃然，问主帅该如何对敌。

宋金刚笑呵呵地拍他肩膀，说："李世民嘛，何足为惧？只要你我再打穿李世民，取下永丰仓，无论什么功名富贵，都唾手可得。你，就是日后的开国大将军！"

宋金刚眼神火热，尉迟恭欲言又止。

显然，自家主帅膨胀了。

只是他实在没想到，老宋最后那句话，还真就一语成谶。

那会儿尉迟恭忽略掉宋金刚的剧透大法，只道："晋中还有西河没拿下，李世民战绩在前，这不像是李元吉、裴寂那等不知兵的。"

宋金刚眯眼笑道："是，李世民知兵，但也没知多少，是看起来知兵罢了。"

尉迟恭眉头一皱："看起来？"

宋金刚笑得更得意，指点江山道："雁门救驾，不过是疑兵吓退突厥人，小聪明而已。"

尉迟恭想了想，隋帝杨广被突厥围困雁门的时候，自己打铁十年，三十岁步入中年，决定换种活法，于是参军讨匪。

"虚张声势的小聪明，别说本将，敬德你去李世民的位置，你也可以做到。"

宋金刚无比自信地总结道。

尉迟恭眨了眨眼。虽然宋金刚的话怎么说怎么有道理，但他还是有种冥冥中的感应，真要是自己上，或许还未必能成。

"至于大破那些关中匪寇，再破宋老生，不过是仗着他勇武能战罢了。这小子玩骑兵,当勇将,还算是有点本事。"

宋金刚继续指点江山。

这次尉迟恭点了点头,他甚至可以想到十七岁的李世民对战历山飞。那个少年见自己父亲深陷敌营,拍马带轻骑冲杀,李世民仰起头来,一张弓拉如满月,箭如流星!

几个贼酋,离李渊最近的士兵,无不应弦而倒。

历山飞的贼众也不精锐,当场就没了战心,被李世民冲杀,配上后方赶来的步军,自然一场大胜。

尉迟恭拍着胸脯说:"这一仗我来打也绝无问题。"

至于斩杀宋老生一战,尉迟恭总觉得自己来会有一点问题。因为那时李唐对霍邑久攻不下,李渊都准备要撤了,放在尉迟恭身上,他绝不会认为撤有什么问题。

天天下雨,粮道受阻,背后有薛秦势力,又有自家老大刘武周虎视眈眈。

再攻不下就要崩盘,退是很正常的,没见李渊都已经把左军撤回老家了吗?

尉迟恭想不明白,为什么李世民不退呢?

即使是宋金刚也不得不承认,李世民不退反进,城下追杀的那一幕,是有点武勇,只是比起统率大军的自己,还是稍微差了那么一点点。

尉迟恭无语了……

尉迟恭又发问了，他要问自己最不理解的那一战，他说："那薛秦呢？"

宋金刚嗤笑一声，侃侃而谈："浅水原之战没什么好说的，刚交手就败了一场，还说自己得了病，结果可想而知，李渊把罪过都推给了他属下。第二场固然赢了，也不过是凭着自家国力更强，粮草更多，拖到薛秦粮饷匮乏，再等薛秦快退兵时挑衅，埋伏了薛秦大军，最后才冲杀得胜。这人颇有武勇，追击穷寇当然有一点本事，很快把薛秦平定。但我等在晋中攻下这么多城池，即使有万中无一的可能，我们暂时撤退，他也万万追不上的。"

宋金刚指点江山，意气风发，尉迟恭再次欲言又止。

薛秦一方也算是能征善战了，怎么就突然粮尽要退呢？既然准备要退，为何李世民挑衅一番，就又打起来了呢？

而且怎么就打赢了呢？打赢之后，李世民凭什么带了几千号人就敢去追到城下？对面城里还有上万精兵呢。

尉迟恭盯着宋金刚，念及自己马上就要对上李世民，很想让自家老大翻译翻译，什么叫"追击穷寇有一点本事"。

是有亿点本事的意思吗？

尉迟恭也很想告诉宋金刚，李世民这次过来，是走西边的龙门，屯于柏壁，而不是从南边渡河迎战，与我等南北对峙。

走龙门，屯柏壁，是能威胁我们侧后方的，这人从一开始就想把我们打出山西！

我等破太原，败援军，势如破竹，在李世民看来，他还有胜算。

鬼知道这个二十岁的少年究竟在想什么。

其实尉迟恭脑袋里的烦恼，很快就要被解决了。因为不久后的将来，李世民会用浅水原之战的战略，又以更成熟的战术，来解答他的一切疑问。

顺便，成就他们绵延数十年的感情。

风从北向南，刮过晋中平原，乱草丛生，枯枝摇动。

近山的高坡上卧着两匹马，李世民跟亲兵张二牛躺在草地里，两人脸上都写着生无可恋。

亲兵疲惫道："王爷，这几百里路，您为什么非要自己来跑？"

李世民瘫在地上说："我不来谁来？前不久殷开山他们还向我抱怨，这一路上坞堡豪强对我们这群人唯恐避之不及，话里话外都是让我尽快动手，再这么耗下去，晋中民心就要丢了。其实民心哪在这群豪强身上？这些老家伙就是揣着明白装糊涂。他们更明白，胜负输赢又不是他们的责任，他们都想弃了河东，直接回关陇养老。所以二牛啊，本王压力很大呀。"

亲兵无语了……

亲兵想：这跟你自己来打探地形有什么关系？

李世民把两条胳膊枕到脑后，闭目道："但我能怎么办呢？我也知道一定要打几场胜仗，把民心军心调动起来，但不能主动出击。反正贼兵占优，他们一定会先动，只要他们动了，我们就能化作一把尖刀，料敌先机，攻其不备，杀他们个措手不及。"

这会儿亲兵明白过来，秦王自己过来，是怕军中的探查不到位。他不服道："秦王，我们跟您这么久，一样能看好地形，画好地图，您非自己来干吗？"

"国之安危皆在此，半点儿都马虎不得，你以为诸葛亮是很想事必躬亲吗……"

这声音渐渐弱下去，二牛回头，发现李世民就躺在草地上，闭眼睡着了。

当李世民再次醒过来的时候，还是被二牛拍醒的，他大巴掌啪啪往胸口甩，李世民下意识就给二牛来了一个擒拿。

二牛倒吸一口凉气。

没敢喊。

二牛把另一只手往前面伸，手指点了点高坡之下。

这些年的征战，让李世民早与自己府中的亲兵心有灵犀，他立刻松手探身，望向坡下。

于是他就见到了尉迟恭。

远处的尉迟恭带着一队兵马逼近，李世民浓眉微蹙，看出这是要杀往夏县。前些日子夏县叛唐，自家老爹正派了永安王李孝基，还有独孤怀恩、唐俭等人来援。

尉迟恭等人的兵马一到，夏县的援军估计就要凉了。

当然，这并不是李世民现在要考虑的问题。

目光放到近处,四周已经满是尉迟恭的哨骑,随时可能冲上来。

李世民低声道:"敌军都到这儿了,你怎么才告诉我?"

二牛脸红道:"回王爷,我也睡着了。"

李世民叹了口气,看看二牛,二牛尴尬归尴尬,仍然给了李世民一个视死如归的眼神。

所以李世民又笑起来。

他提刀负弓,挂箭上马,笑道:"二牛,咱们回营!"

那天,尉迟恭合围的前锋只见两骑送命般从坡上奔下,眨眼间已迫在眉睫。为首一人年纪轻轻,龙章凤姿,那兴奋劲儿和速度,俨然像是他们两人已把这几百上千号人包围了。

前锋大将怒了。

主帅大军就在身后,本想生擒两个探子立功,刚合围了还没动手,区区两个小卒还敢主动出击,我不要面子的吗?

前锋大将喊了一个杀字,杀气就席卷了高坡上的草木。

李世民长刀探出,人借马速抹过两名敌军的咽喉,见二牛还在自己侧方掩护,喊了声:"头前开路,我来断后。"

二牛也没犹豫,策马就向前冲。

要是秦王真失了手出不来,自己再杀回去就是。二牛这般想。

前锋大将指挥四面兵马围追堵截,只不过既然合围,那兵马再次聚集的速度,自然比不上李世民跟二牛狂奔的速度。

两人两马，迅速杀出缺口，逃往大山。

前锋大将咬着牙，指挥兵马带头追。他相信自己的判断，两匹马已经跑了不少路，只要耗倒这两人的马，他们插翅难逃。

就在这时，李世民拿起了弓。

回头搭箭的一瞬间，前锋大将从李世民的眼里望见了北方的风沙，吹动云外的日月。

他下意识翻身落马。

一道箭矢如流星般刮过他的头皮，射倒了他身后同样冲锋勇猛的骁将。

前锋大将惊魂未定，他反应过来那人的眼里是什么东西了，那是只要一张弓箭在手，他就没什么不能射下的自信。

这种磅礴的自信，究竟是他有弓在手时才这般明显，还是一直如此？

前锋大将晕晕乎乎再次上马的工夫，又有数人被射倒。这会儿尉迟恭的消息传过来，说穷寇莫追，不要为了两个哨骑，就中了唐军埋伏。

前锋大将红着脸，去给尉迟恭请罪。

尉迟恭听了他对那箭术的描述，一张黑脸严肃起来。他拍拍前锋大将，说："罪不在你，当年张须陀领着五个人就能冲上万人的军阵，世间豪杰何其多，输给他们不丢人。"

尉迟恭又笑起来，道："不过这样的人只能做哨骑，看来李唐是真的要完了。"

这一场小型的遭遇战过后，尉迟恭先前的忐忑终于消散不少，他甚至还美滋滋地想着，等战火消散，一定要把这位哨骑查出来，拉他给自己当亲卫统领，守门的那种。

远在柏壁大营的李世民，狠狠地打了几个喷嚏。

此时跟李世民一起身在大营的，是唐军各部主将，殷开山这样的关陇旧将在，秦叔宝这样的瓦岗降将也在。

诸将围在一张桌前，桌上摆着一张地图。

地图是新画的，墨迹还未干。

李世民点着夏县，说："尉迟恭的人马想必就快到了，该如何应对？"

殷开山道："且不提夏县，援军不容有失，如果坐视尉迟恭等人打败我军，军心民心只会更低一层，这仗就难打了！"

秦叔宝同样点头道："末将愿率军去救夏县。"

这当然是一个很正常的应对，即使尉迟恭在这里，也会给出相似的提议。

但李世民不听。

如果尉迟恭家的前锋大将在，就能见到李世民又露出了笑容。这笑容又会让他想起死里逃生的一箭，想起自己上千人被几箭射回去的恐慌。

李世民又指了指地图，点在了美良川上。

没人明白在这个地方是要做什么。

李世民笑道："援军打夏县打了这么久，三军已疲，尉迟恭也是刘武周、宋金刚麾下难得的勇将，等他杀到夏县，夏县但凡出击，内外呼应，援军必败。就算我们现在派兵去救，也已经来不及了，到了夏县，难道要跟援军一样，攻上两个月的城？"

殷开山很费解，说："去美良川又有什么用呢？"

"因为尉迟恭会在那儿，尉迟恭去哪儿，我们就去哪儿。"

这句话，在不久之后成为尉迟恭的噩梦。

其实李世民想得很简单，而殷开山、秦叔宝们想不到的原因也很简单——尉迟恭能大破援军，那多半能擒住援军里的李唐高官。

这些高官，难道就留在夏县不成？

只看兵事，是看不到这一处的。

或许尉迟恭会从夏县再度南下，攻打另一处唐军，也可能去骚扰柏壁，权作侦查。

但李世民断定，尉迟恭一定会把这群李唐高官送去后方，送到宋金刚处，之后还可能被宋金刚丢给刘武周。

那些当然就不重要了。

从夏县去宋金刚的浍州，最顺畅的一条路，必经美良川。

自己这么多天没动静，尉迟恭没道理会防着去翻山越岭，所以他去美良川，李唐军就去美良川。

那天，秦叔宝在美良川的山间等了许久，终于等来了欢声笑语的尉迟恭。

当喊杀声响起，秦叔宝的长槊带起一丛丛血光的时候，尉迟恭还满脑子都是问号，他实在不明白自己怎么就忽然被揍了。

另一边是殷开山的兵马，虽无秦叔宝悍勇，但步步推进，也把尉迟恭的出路堵得严严实实。

兵荒马乱里，前锋大将惨然问道："将军，怎么办？"

尉迟恭黑脸一抽，往身后的李唐高官身上瞄了一眼，沉声道："把独孤怀恩丢下，突围！"

"向哪儿突围？"

"废话，当然是突殷开山，那破阵突一个口子就能逃，难道要跟秦叔宝三鞭换两锏吗？"

是役，尉迟恭战死两千余人，携李唐高官杀出重围，远远与秦叔宝打了个照面。

隔空被李世民摁在地上锤。

回望残阳如血，尉迟恭狠狠吐了口血沫，他想：这波老子也不亏，放走一个内应独孤怀恩，等他刺杀了李渊老儿，看你李二还有什么能耐！

尉迟恭怎么也没想到，自从李世民到了柏壁，都没什么动静，一切就反了过来。

自己所寄希望的队友，忽然变成了送人头的无脑痴儿。而许多不该出事的地方，却偏偏出了事。

已经送到宋金刚营里的李唐高官，有一位是李世民的忘年交——唐俭。

这位唐兄虽然打仗不太行，但也不知他用了什么法子，竟然把独孤怀恩已反的消息，从宋金刚的城池里传出去了。

当独孤怀恩要渡河见李渊的时候，消息恰好传到李渊耳中。

李渊将信将疑，派人把独孤怀恩单独叫来。独孤怀恩自以为没有暴露，施施然去了，被一通审问，露了原形。

分分钟被绑走砍死。

尉迟恭无语了……

而与此同时，柏壁的李世民还紧闭营门，美良川一场大胜过后，他扎得比以前更稳。

没关系，胜败乃兵家常事。

尉迟恭这般想着：李世民能扎这么稳，就仗着后方的补给线稳固，为今之计，要想攻破李世民只能绕过他，救下隋将王行本的城池，攻占渡口，去抢李世民的粮仓。

这计划迅速在宋金刚处通过了。

王行本此时也正被唐军围攻，唐军精锐都在李世民处，救王行本之战，多半会是夏县之战的重演。

尉迟恭带着精锐骑兵，悄然上路。

这一场救援，要的就是兵贵神速，要的就是神出鬼没。

只要够快，李世民就反应不过来。

所以当尉迟恭人到安邑，半夜里忽然见到一个龙章凤姿的弱冠少年，举着张弓等他多时，他也跟前锋大将一个反应，下意识翻身落马。

只不过他比大将更强，一瞬间又已上马。

可惜一切都来不及了。

这条路上明明是宋金刚的探马更多，明明大半个山西都在我军手里，面前这个少年郎是怎么带着三千兵马忽然出现的？

还一出现就截在自己行军的路上？

这一仗打得突兀，对面那个少年郎用骑兵似乎比秦叔宝用得还好，各种穿插绞杀，各种突袭破阵，尉迟恭的亲兵队伍都被这少年人挥刀撞烂。

尉迟恭不是没想过留住他，长槊如龙，也跟这人硬拼了一记。

少年郎在马上摇摇晃晃，就是没掉下来，他撞散了尉迟恭的亲兵队伍，兜回来的时候还有空冲尉迟恭咧嘴一笑。

满嘴的血，还在笑。

尉迟恭极度崩溃，身边人越来越少，只能凭一身武功突围而走。

他想破头也想不明白，刚来此处几个月，为什么这人能比自己行动更快，了解地形更清楚，判断更确切？

这人是谁？

前锋大将死前告诉他，这人就是当初逃走的哨骑。

原来这人在唐军得了重用，能领三千兵马了吗？

逃亡的路上，尉迟恭脑子一抽，还在想：看来我没法招他当门卫了……

这一战，尉迟恭仅以身免。

后来尉迟恭才知道，那人就是李世民，一个亲自去探查地形，注重信息收集的统帅，如何不能第一时间发现他的动向？

只要一个方向，就能判断他的目的地。

柏壁的中军大营，几天前就爆发过争执。既然这次发现敌军动向还早，那还可以走更安全的道路，从龙门绕回王行本城下。

那边没有宋金刚的人，跑得快一样能在尉迟恭抵达前跟大军会合。

李世民不听。

李世民还很激动，他说："诸君，这一仗只能打，不能守，除了柏壁，别的地方都要打。只要宋金刚一动，就要打以雷霆之势，逼他只能龟缩兵力与我对峙。这样，他断粮之日才会不远，退兵，也就不远。"

于是当即拍板，连夜走小路，夜袭安邑，等尉迟恭。

真就尉迟恭去哪儿，唐军就到了哪儿。

这次尉迟恭输得不茫然了，他只是不服，他想：为什么我就得不到消息？我在我的地盘，没摸黑走小路，有错吗？

尉迟恭开始怀疑人生。

之后尉迟恭才渐渐明白，为什么当年薛秦会断粮。

断粮，不是因为国力不足，被硬生生耗光，而是李世民正面跟你对峙，小动作从来不少。另外几支偏师，要么骚扰粮道，要么攻击水源。

还有人偷偷摸过来，趁你没防备，几十个人突然就抢城门。

抢的是河流附近的城。

前线打仗，谁会关心侧后方的一个小城呢？结果唐军抢到之后，就顺流而下，还是断你粮道，断你水源。

至于援兵，刘武周也有援兵，但晋中平原两面是山，他占地利，精兵肯定都派去前线，让宋金刚打决胜局了。

援兵果然还是被唐军击溃。

粮道理所当然地被断掉了。

这么搞谁撑得住啊！

反正宋金刚是撑不住了，他也不是没想过防守，但问题是……万一出城的兵马也没了呢……

宋金刚看着尉迟恭，尉迟恭看着宋金刚，两人逐渐到了互以为对方是猪队友的境地。

尉迟恭叹了口气说："宋将军，不行就退吧。"

宋金刚瞪着眼说："行啊，你说退，回头你给刘武周解释！"

那时宋金刚也好，尉迟恭也罢，都觉得他们浩浩荡荡十几万人，这么多座城池，不可能退不回去的。

谁也想不到，原来退兵也是动。

只要你一动，你动的这群人就烟消云散了。

因为李世民也动了。

沉寂一年的柏壁，终于磨好了刀，李世民拎着这把刀，一昼夜行二百里，追着宋金刚的兵马连打了数十战，数十战皆胜，还在狂追。

行军总管刘弘基蒙了，拉住李世民说："秦王，我们这已经是大功了，士卒疲敝了，您自己再追也会有性命之危，不如休整……"

李世民一把抽出袖子说："不趁他立足未稳去追，等他缓过劲儿来安抚军心？尽忠报国，岂能顾身？"

李世民一挥手，背后的将士个个眼里放出火来，跟着他继续追杀。

这场追杀，李世民不食二日，不解甲三日，追宋金刚到峡谷之中，一日八战，皆大破，俘虏斩杀数万敌军。

稍作休整，收复诸多城池堡垒后，继续向北。

而此时，就算宋金刚稳定了军心，那也只是表面功夫了，刚带了两万人列阵，被李世民一个冲阵，全体垮掉。

谁敢跟一年不动，动如猛虎的少年人较量？

尉迟恭反正不敢，尉迟恭已经乖乖听刘武周命令，去守介休城了。

刘武周也不敢，见宋金刚败得这么彻底，当场放弃并州，逃亡突厥。

始终一脸茫然的尉迟恭献城投降，又一次见到了李世民本人。

李世民笑呵呵的,很温柔,很和善,他说:"久仰将军大名,将军迷途知返,是本王的荣幸。"

尉迟恭无语了……

我不知返能行吗?一动就挨打,一动就挨打,巴甫洛夫的狗都得迷途知返啊!

就这么着,被揍得鼻青脸肿的尉迟恭,跟笑呵呵的少年人李世民,走到了一起。

当时大唐的君臣还年轻,还能在刀光剑影里闯荡,满胸膛都是热血。

长安城里的庆功宴结束后,李世民还乐意拉着秦叔宝、尉迟恭喝酒,已经有点上头的李世民拍着两人的肩膀说:"叔宝干得好啊,美良川一战,打得尉迟敬德丢盔弃甲,都不敢回头望。"

然后又拍拍尉迟恭说:"你输得好啊!"

尉迟恭无语了……

尉迟恭没敢喝多,他怕喝多以后叫嚣着不服说:"安邑那天晚上我都把你抢了一嘴血,要不是我的马没你快,当晚我就砍死你。"然后被秦王府的士兵打死。

所以尉迟恭回家的时候还挺清醒,清醒了就想笑,他觉得李世民跟刘武周不同。

最开始尉迟恭投军,刘武周说把他当兄弟;后来有了点兵马,他就变成了将军;攻下并州,刘武周就不拿正眼看人了。

李世民不同,尉迟恭总觉得李世民在看他。

目光灼灼的,像是在看一个能与他并肩建立新时代的朋友。

尉迟恭想:这大概是我的错觉。

其实尉迟恭在长安城的日子并不好过,降将总是受排挤的。更何况现在的长安还有许多派系,李世民这一系,看好的人也没那么多。

尉迟恭能忍,他心态很好,他知道唐军很快会继续出发。

后方已定,该出兵洛阳,荡平天下。

那时,就该发挥我的作用了,冲锋陷阵,以死报国,总能换来一份荣耀。

尉迟恭又想:就当是为了我那点错觉吧。

几个月后,李世民挂帅出征,带着尉迟恭挥师向东。

刚开始交战的时候,李世民率军在慈涧跟王世充对峙。就对峙的工夫,跟尉迟恭一起投降的刘武周旧将,跑去投了王世充。

这就让他这个降将更加尴尬了啊!

尉迟恭后来跟秦叔宝说:"我能怎么办? 我也很无奈啊。那会儿我都想好了,唐军不信我,我大不了再去落草为寇,天下之大总能容身。"

结果李世民力排众议,放了尉迟恭,还给他摆好了金银钱财。

尉迟恭一头雾水。

李世民说："我手底下那些关中旧人不信你，其实也正常，但是我不是正常人，我就信你，我觉着你特别有义气，那些人格局小了。你要是觉着还能跟我干，你就留下，你要是过不去这坎儿想走，那就拿着钱走，我们江湖再见。"

尉迟恭当场就给跪了，要不是觉得大老爷们儿泪眼汪汪不太好，两滴泪当场也能砸下来。

往后就跟着李世民冲杀，把慈涧的王世充杀回了洛阳。

而在洛阳城内外对峙，这个局面李世民就很熟悉，他又开始一点点布局，往洛阳周遭的城池派去瓦岗旧人、山东旧将劝降自己的故交，或者斩断粮道，夺取粮仓；又是水路乘舟偷袭，进城占据渡口堵人，围城不攻，无所不用其极。

很快，几乎整个河南都降了李唐。

尉迟恭就跟在李世民身边，听着一道道命令传出去，他才豁然开朗。刘武周虽然攻下几乎整个山西，但那些城池、粮道、水源，没有一个是切实掌控的。

这种蚕食能力，步步做眼的本事，再打一万遍，刘武周还是输。

宋金刚所谓的李世民只会拼国力、小聪明，但换他来，是永远学不会这么高屋建瓴地布局的。

尉迟恭也问过李世民："秦王，这样蚕食，王世充该有动作吧？"

李世民笑起来说："你忘了你是怎么败的了？"

尉迟恭无语了……

越来越意气风发的李世民笑得更灿烂，他道："不怕他不动，更不怕他动！"

那日，王世充率万余人出城偷营，屈突通等人带兵巡营，仓皇应对，一节节失利，若非防御工事层层叠叠，各营之间错落有致，几乎就要败退。

秦王破阵而来。

尉迟恭跟在李世民身边，兴奋得无以复加。

李世民有一千玄甲军，他就是玄甲军的统领！

黑衣黑甲黑面，一千人的玄甲军如一柄狭长而锋利的刀，没有任何阻碍地刺入王世充大军。

这会儿尉迟恭忽然有个感觉，似乎只要秦王出手，这片战场就稳了。

王世充大败，被俘虏加斩杀六千余人。

只不过接下来的仗就不太好打了。洛阳城高墙厚，王世充龟缩在内，很难攻下，所以李世民偶尔也闲得无聊，少年心态，无聊了还出去打个猎。

结果打猎就碰上了上万敌军。

敌军首领单雄信，单刀快马，冲着李世民就杀了过来。李世民眯了眯眼，拔出刀来就要跟他对砍。

可惜没能交手。

因为尉迟恭正跟在队伍后面，本意是提着箭壶帮忙打猎之类的,此时也没人看清他的动作,只眨眼间,就看见个跃马大呼的影子。

振臂出枪,夭矫如龙,横刺单雄信落马。

尉迟恭侧目,在前的贼军忍不住齐齐后退一步。

尉迟恭说:"你们带秦王先撤,我断后。"

李世民问:"你怎么断后?"

尉迟恭笑了笑,纵马冲入敌军阵中。那里面无数杆长槊刺来,只看到尉迟恭化作黑影,在马上马腹间来回跃动,寸槊不能沾身,偶尔一抬手,还能夺过敌军长槊,掷刺敌将于马下。

李世民愣了愣,又扬声大笑。不久后援兵赶到,尉迟恭带骑兵冲杀,大破敌军,顺便还俘获了被秀一脸的六千槊兵。

围困洛阳数月,没有困死王世充,把王世充的队友吓来了。

唇亡齿寒,河北窦建德自然明白这个道理,所以十万大军主动来攻。

两军对阵,自然要试试对方的成色,李世民冲尉迟恭挑了挑眉,尉迟恭提槊就上了马。

至于怎么让敌军也跟自己交手,那很简单,李世民特别擅长钓鱼。

那些年,一群年轻人往来冲杀,李世民常常喜欢自己跳到敌军面前说:"你来啊你来啊,有种搞死我啊。"

敌军无语了……

这你不按套路出牌啊!说好的君子不立危墙之下呢?有三

军主帅过来诱敌的吗？明知道他可能后面有埋伏，也忍不住要上啊。

遂被打得大败。

败也就算了，李世民跟尉迟恭诱敌完了，回头逃跑的时候，敌军阵里冲出匹快马，长得还特别好看，李世民忍不住多看了两眼。

尉迟恭说："你喜欢？我给你抢来。"

李世民说："嘻，不至于，出了事不值当。"

尉迟恭一笑，反身冲阵，劈手夺马，又追上了李世民。

敌军一头雾水。

见到尉迟恭牵着那匹马跑回来，李世民再次大笑。他指着败退的窦建德前锋，笑道："我持弓箭，君执长槊，虽百万人如何！"

正面战场打不过也就罢了，让窦建德头疼的是，李世民还见缝插针，不知从哪儿冒出来一千人把自己的粮给截了。

对峙一个多月，小战打不过李世民、尉迟恭，运粮还提心吊胆。

这些河北士卒人心惶惶，只想归乡。

这种心态李世民自然不可能放过，卖了一个破绽，放马啃草，装作自家后勤压力也很大，需要到处找粮饷。

窦建德果然倾巢而来。

那就跟窦建德军反复拉扯，以逸待劳，不断派小股骑兵观察敌军状态，顺便拉扯对方阵型。

最后，李世民笑着一挥手，带玄甲军及精锐骑兵直扑窦建德中军，三千人追着窦建德的中军大旗一路狂奔。

拉锯数月，拉扯半日，刹那之间，李世民出刀就断咽喉！

那几日，李世民生擒窦建德，逼降王世充，见王世充跪地请降的时候还玩起了恶趣味。这位王叔叔是隋朝老臣了，以前也见过他。

李世民揶揄笑道："王叔不是总把我当小孩儿吗？今天怎么对我这小孩儿这么恭敬？"

王世充能怎么办？除了干笑流汗，也无话可说。

尉迟恭在后面撇撇嘴，心想秦王还真是幼稚。满足了自己恶趣味的李世民没忍住，放肆大笑起来。

经过那些年的烽烟，天下终于又迎来了宁静，只是对于这些年轻人却还是步步危机。

武德年间，李世民的朋友杜如晦经过李渊宠妃家门口时，被宠妃家的仆人冲出来按在地上打了一顿。边打还边说："你算个什么东西！路过皇亲国戚家门口，竟然不下马跪拜？"

出谋划策、平定天下的杜如晦就伤痕累累地走到了秦王府。

李世民见到这样的杜如晦的时候，忍不住又想起了自己很多年前的一个朋友。李世民初见那个朋友的时候，还是在牢狱里。

那个朋友的名字叫刘文静。

那会儿李世民还很年轻,兴致勃勃要结交天下英雄,他跑去找刘文静,眼里全是火。刘文静是个坚定的反隋党,最喜欢这种敢教日月换新天的少年郎。

两个人就在牢里指天画地,刘文静给他分析天下局势,跟他说大隋必然撑不住,随时可能完蛋,这会儿谁揭竿谁就有大义。

李世民心潮澎湃,他走过雁门,见过江湖,多少家破的百姓,多少流离失所的苍生,心里早有舍我其谁的想法,就缺一个足以说服关陇门阀的有识之士。

刘文静就是那个有识之士。

是刘文静第一个为李唐分析局势,鼓动李唐起事,也是他不计生死去与突厥结盟,避免李唐几线作战,开国之功可谓卓著。

然而就因为与李渊器重的裴寂有嫌隙,与李渊器重的关陇世家不和,酒后骂了两句"必杀裴寂"之类的泄愤之语……

刘文静以谋反罪判处极刑。

李世民永远都忘不了自己苦求无望,眼睁睁看着刘文静在刑场上被人首两分的那一幕。是自己从牢狱之中把刘文静捞出来,是自己跟刘文静一起决定起事,但他只能看着刘文静赴死,什么都做不了。

刘文静飞起的那颗头颅还在笑,李世民隐隐知道那是什么意思。李世民知道刘文静一定看到了他,刘文静在想:二公子一定会给自己报仇的。

只可惜李世民很长一段时间都没能替他报仇。

裴寂丢了晋中，李渊没罚他；突厥人来了，裴寂跟李建成一起建议李渊迁都。若非李世民站出来远赴边疆，后边就没什么泱泱大唐的事了。

就这么个东西，杀了刘文静。

可李世民没什么办法。

正常夺嫡的权谋之争，他也不是没玩过，房玄龄借李建成给旧部送盔甲一事发难，说李建成是有谋反之意的。

李建成倒是应对果决，孤身请罪去了。他的旧部自忖没什么好下场，还是反了。

这事就闹很大，理论上怎么也该轮到李世民做太子了。

然而也没有。

毕竟你要夺嫡，就要拉拢重臣，贿赂后宫，如此才能奉迎上意，事成后二八分成，八成那都是人家的。

六朝旧事如流水，都是这么流的。

你当了天子，回头要继续提拔重臣家里人。

李建成就是这么干的，他也干得很好，拉来裴寂等人支持自己，又很能体谅天心。

突厥人来了，那是裴寂想迁都吗？那是李渊想，李建成只是替父皇说出来了。

更别说人家结交后妃，是真不惜重金。

你李世民，后妃求到你脸上，要点钱要点地盘，你非要论功行赏,把好处都给随军出征的将士,你凭什么跟太子争?

夺嫡,就是看谁当狗当得好。

所以李建成即使陷入谋反这么大的事,还是脱身出来了,人家在长安城里甚至还可以有两千东宫护卫。

秦王李世民荡平天下,人在长安城里,明里暗里能动的,竟然只有八百人。

所以杜如晦被打,那就被打了。

连李元吉都试探过李渊,说:"秦王越发跋扈,有不臣之心,儿臣愿为父皇分忧。"

李渊沉吟片刻,竟然没骂李元吉,只是很功利地考量,说:"秦王有大功于社稷,就这么杀了人心不服,恐怕会起祸患。"

对自家的儿子,已无情至此。

有了这样的回答,李建成、李元吉对付李世民的手段更加肆无忌惮。

到了武德九年,长安城里谁都知道,如今的秦王已经护不住身边的臣子了,房玄龄、杜如晦被调离秦王府,没有圣旨不得踏足秦王府大门。

尉迟恭先被李建成、李元吉收买,收买不成又派人刺杀。

当然刺杀也是不成的,那就只剩下陷害尉迟恭了,屈打成招,走程序砍死他。

李世民跪在大殿里,泪如雨下,他没对李渊说什么尉迟恭战功赫赫,也没说尉迟恭对大唐有多忠诚,他只是哭,说:"爹,我没求过您,今天我求您一次。"

李渊老怀甚慰,就这么放了尉迟恭。

你看,英雄再桀骜,迟早也得当狗。

擦干眼泪,李世民走出宫门,接尉迟恭一瘸一拐走回家里。

路上又下起了雨,地上的雨水映出两人的面容,又被踏碎在长街上。

李世民望着雨幕里一滴一滴、一片一片的自己,忽然觉得这个人有点陌生。这个人不再是一往无前的少年郎了,他的身形微微佝偻,双眼通红,透出一股难言的疲惫。

撞碎雨幕,水溅在李世民的脸上,长安像世上最坚固的牢笼一样困住了战无不胜的凤凰。

这条路两人走了很久,一直都没说话。

李世民想起虎牢关之战,自己一战擒两王的时候,那会儿尉迟恭也在身边,他提槊冲阵,以一敌百都没受这么重的伤。

那时自己对尉迟恭说:"我持弓,君提槊,虽千军万马又有何惧?"

那好像已经是很久以前的事了。

送尉迟恭到家的时候,李世民叹了口气说:"连累你了。"

尉迟恭咬牙道:"这条命是秦王给的,为了秦王,尉迟恭生死无悔。"

这话可太有血性了,雨水又把这血性浇得一片冰凉。李世民莫名伸出手,虚空中想握住些什么,可他终究没能握住。

他转身从尉迟恭家门前离开，走了几步，又猛地回头。

雨水从他长发上甩开，他道："刚才我是想拔刀。"

尉迟恭微微一偏头，没懂。

李世民忽然笑起来，他道："长安的大雨里我看不清自己，所以我想拔刀，刀光里才是我的面貌，只可惜长安城里没有我的刀。

"可这会儿我想清楚了，我何必拔刀，我自己就是这世上最锋利的刀。只要我出刀，就没什么东西不能一刀两断。"

尉迟恭还是不懂，但不耽误他的目光越来越亮，甚至连身上的伤都不疼了。

李世民淡淡道："刘文静的仇已经过去这么多年了，总该一报。"

那年李世民终于拔刀。

八百人又如何？

这些年以弱胜强少了吗？

当李世民决心拔刀的那一刻，秦王府上下都燃起狂热的光。他们望着仍旧年轻的李世民，无比相信这一刀同样会赢。

于是无论李渊的禁卫有多少，无论东宫的两千人有多少战力，李世民以这八百人庖丁解牛，赫然发起玄武门之变。

尉迟恭带着房玄龄、杜如晦去控制李渊，当久疏战阵的临湖殿卫士见到尉迟恭为首的几十骑兵奔过来的时候，大局已定。

玄武门内，张公瑾神力发作，一人关上了城门，把东宫兵马拦在门外。

张弓搭箭,去如流星!

李世民这一箭射杀李建成,天下遂定。

谁跟你比当狗,老子就八百人也敢掀棋盘。

这一年,李世民登基为帝,是为贞观元年,于渭水之畔再一次逼退突厥人的进攻。贞观三年,大唐灭东突厥,把颉利可汗抓来给李渊跳舞。

携灭东突厥之威,李世民以卷入谋逆案为名,把裴寂免官流放,丢去静州。

同年,李世民为刘文静平反,追复其官爵。

再诡谲的局势,再厚的云层,也挡不了少年郎的刀,遮不住凤凰吹起的火光。

那个百姓期待了四百余年的大唐,那个天下大治、四方来朝的大唐,终于在玄武门之变后真正成为现实。

只不过曾经的少年多少变了点心态。

其实尉迟恭没变,他还是那个脾气急躁,受了委屈当场就能掀桌子的铁匠。

只是他的位置不同了,他是功盖三军的人,还因为受了点不算委屈的委屈,就出手打皇亲国戚。

这就让天子不太能受得了了。

那年尉迟恭在外地做都督,回朝述职的时候,李世民半开玩笑地问他:"有人说你要谋反,真的假的?"

尉迟恭怔在原地。

殿前寂寂，李世民似乎还在等一个回答。尉迟恭眼里含着泪，愤愤然点着头说："是啊！臣确实想要谋反，臣征战四方，身上全是刀枪箭伤，如今终于太平了，就偏要谋反！"

他一边说着，一边把衣服脱下，甩手丢在地上，健硕的身子布满疮疤，无声诉说那些少年时的往事。

李世民闭上眼，默默流下两行泪。他缓缓走下去，捡起尉迟恭的衣服给他穿上，说："我不曾怀疑你，我若是怀疑你，也就不会问你了。"

尉迟恭哽咽在殿前，不知该说些什么。

往后的许多年里，尉迟恭闭门谢客，沉醉在音乐歌舞之中，还导演过唐朝的跨年晚会。

李世民看了都说好。他笑着去找尉迟恭，说："没看出来，你还有这才华？"

尉迟恭礼貌而疏离地说："陛下也不是什么都知道的。"

李世民瞪着他说："你有意思吗？脾气这么大！这也就是碰上我，说两句提醒提醒你，你还脱衣服，脱衣服干吗，显摆伤痕吓唬我？"

尉迟恭别过头去，一把年纪了，老哭多不好。

李世民忽然又笑了，他拍拍尉迟恭的肩膀说："行啦，以后收敛收敛，凌烟阁上画着你呢，第七，稍微注意点形象。"

尉迟恭这会儿发现，仰头四十五度，泪水也还是会流下来的。

尉迟恭说："陛下，您真不是个正常陛下啊。"

李世民笑得更开心，说："谁让我年轻呢，魏征那老头儿还逼我一直年轻呢。可惜他走得早，以后你也得让我记着。"

尉迟恭重重点了点头。

后来尉迟恭才发现，李世民就是说说而已。李世民要去亲征高丽，尉迟恭说："你不用自己去，你是天子，随便派个人打就成了。"

李世民不仅没听，还硬要拉着他一起去征讨高丽。

尉迟恭哭笑不得。

只可惜这样的日子也没有几年了，年纪比尉迟恭小十四岁的李世民竟然先他一步与世长辞。常年在家里玩音乐，准备再办宴会的尉迟恭忽然怔住了。

他不是没听过陛下得病的消息，他只是想：陛下那么年轻，没什么是他抗不过去的。

原来命数无常，原来生死可恨。

尉迟恭从闭门谢客的音乐里回到红尘，刹那间泪如泉涌。

那天的长安城里，四处都是痛哭，尉迟恭的哭声就淹没在满城的哭声里。

所幸千载之后，人们记住的还是那些风华正茂的君臣。九泉之下，或许这群君臣又如当年，正快意驰骋在阎罗殿前。

我持弓，君执槊，百万鬼军又能如何？

凌晨四点,起床,准备挨骂,哦不是,上朝。

凌晨四点半,饭还没吃呢,观音婢说褚遂良这个老东西已经来上班了。

我想问天下间为什么要有起居郎这个官职呢?这谁天天被盯着不心理变态啊?

褚遂良进来了,褚遂良一言不发,褚遂良拿着支笔拿着本册子,唰唰唰不知道在记啥。

我就很奇怪,吃个饭有什么可记的?

凌晨五点,上朝。路上我忍不住问褚遂良,说你能不能把你记的玩意儿给我看看?

褚遂良说不能,还没听过哪个天子会看自己起居注的。

我说那不看,我怎么知道你是不是瞎写。

褚遂良说臣不会的,臣不敢,臣惜命也惜名。

我乐了,说你既然惜命,那我是不是有些不好的事你就不记了?

褚遂良说,那不行,那还是得记。

我说老褚咱打个商量,你看有些事吧,能不记就不记,可以吧?

褚遂良说,就算我不记,天下人也会记得的。

不过没关系,没关系,起居注修成实录了,我还是能看,我今天还偏要看不可了,哼!

凌晨五点十五,房玄龄说了下基本情况,最近刚打了几次大仗,国库又有点空,军备也不太足。我想了想,说那就稍微多征点儿税,本来就征税的地方先不加税了,那些说要免税的地方,我们明年再开始免。至于军备,实在不行就把入伍年纪调低一点儿,有备无患。

我刚说完,心里就咯噔一下。

魏征这老小子站出来了。

魏征说,你这是出尔反尔,天子不守信诺,天下如何信服?况且还没什么收益,真把年纪小的汉子也征走了,土地荒芜更多,税额更少,平白给你落下暴君的名头。

我总觉得魏征是在骂我又蠢又坏。

但他明明说的是不想让我落下暴君的名头,很赤诚。

我能怎么办?我只能哈哈哈哈,说魏大人说得真有道理,听你的听你的。

凌晨六点,还是听到了好消息。户部的人报上来说最近的人口普查出来了,人口持续增多。

这是好事啊,证明百姓觉得安全了、稳定了,大唐是值得信任的。

我心里哈哈大笑,脸上微微欣慰,说都是你们的功劳啊。

话音未落,魏征怎么又出来了?

魏征说,臣等微末功劳不足挂齿,此乃陛下英明神武,统御有道,方开盛世之象,臣等为陛下贺。

我就感觉,特别舒服。

早晨七点,下班。路上还美滋滋的,对褚遂良说人言魏征举动疏慢,我但见其妩媚耳。

褚遂良记小本本的笔一滞。

八点,闲着没事,想去打猎了,趁魏征刚回家快走快走。

褚遂良老胳膊老腿,还得跟着,太难了。

十点,打猎打出头野猪,刺激!

本人,弓马无双,万军丛中救过杨广,渭水之畔独对过突厥大军,还怕野猪?

当场下马就要砍它,结果褚遂良这老头儿比我还快,扑通就挡在我前边。

我就笑他,说你担心啥? 天策府的长史没见过上将杀敌吗?

褚遂良说,今时今日您已早非天策上将,万不可学孙伯符。

啊,真有道理。

突然觉得打猎一阵索然无味,回了回了。

十二点,吃饭。李承乾这小子也不知道干吗,天天宅在东宫跟太监玩儿,跟太监玩玩也没啥,能不能出来干点正经事啊?

下午两点,睡了觉,刚醒,褚遂良不在。

嘿嘿,偷偷去弘文馆看实录去。

不对啊,我是天子啊,我为什么还要偷偷?

想起魏征,想起褚遂良,想起……算了算了,还是偷偷去吧。

下午三点,终于看到了实录,里边写的东西还真是有过加工的。

玄武门那事,这群人没一个敢写的,语焉不详。语焉不详那还叫实录吗?

我叫来这群搞史书的,说你们给我改改。

这群人瑟瑟发抖,问怎么改,说隐太子坠马而亡还是死在小兵手里?

我说不用那么麻烦,你就直接写,是我杀的,是我亲手杀的,而且我还斩草除根,把他家人包括儿子都给杀了。

史官一脸茫然,说原来你是这样改史书的啊。

我叹了口气,说周公都杀过自己兄弟,没啥不能明说的,也算我给大哥最后的一点体面。

输给我,不丢人。

至于天下人知道了会不会搞我,呸,谁敢来就让谁死。我要让大唐万邦来朝,开皇皇盛世,谁都挡不住我。

啊,我真棒。

下午四点,褚遂良找到我了,一脸幽怨。

我哈哈大笑，说走走走，我们批会儿奏折玩儿。

像是很多年前我拉着褚遂良搞弘文馆，那会儿的弘文馆还只是一个社团性组织，而我也只是个文学青年。一群人吟诗喝酒，好不痛快。

现在也还行吧，人还是那群人，少了几个反正也不是我杀的。

啊，我真棒。

下午五点，我一边批奏折一边和他们聊起了天。我说你们这群人都上点儿心，别被魏征比下去了，我有什么不好的地方你们直说就行。

还是没人说。

我说那我就先说说你们，从长孙到老房，都数落了一通，最后剩下个褚遂良。

没想起有啥不好，想了想今天老褚还怼了我，也可以有个正面例子。

我一指老褚，说至于褚遂良，若小鸟依人，自加怜爱。

褚遂良正记小本本儿的手一抖，我瞅见他画了长长的一道墨痕。

真是的，定力不行啊，我不就夸你两句吗？魏征就夸我一句，你看我高兴了吗？我高兴到现在了吗？

我没有，我肯定没有。

晚八点，想起前几天从洛阳来了一个漂亮妹子，好像姓武，武才人叫什么来着?

算了,过去问问就知道了。

啊,今天是被魏征拍马屁的一天,爽!

从前有个将军,生死看淡,不服就干。

那年他才十几岁,有乱兵攻来家乡,他爹披甲上阵,还嘱咐他要好好看家。

没听见少年回话,他爹一回头,发现少年已经冲了出去。

他爹一头雾水。

少年将军不仅冲出去了,还冲在最前面,一杆长枪如龙,荡开乱世的大门。

他爹在他身后笑着,心想我有这样的儿子,也可以放心离去了。

不久后,将军的父亲离世,将军开始正式领兵。

那些年叛将很多,郡守头疼得很。将军领兵之后,亲自冲阵,刀光一闪就是石破天惊,横行七年的叛贼首领,被将军一刀斩了头颅。

随后将军守着一方百姓,谁来谁死,附近的叛匪渐渐销声匿迹。

将军表示这只是基本操作。

其实将军对内战也没有太大的兴趣。将军时常望着北方，他更想像霍去病一样，封狼居胥，饮马黄沙。

那些年里，北方的突厥势力渐渐坐大，史书称："北狄之盛，未之有也。"

中原大乱，北狄强盛，这一幕如此熟悉，五胡乱华在前，但凡有脑子的人，都会警惕不安。

突厥人俘虏了隋朝的王爷，把他当成傀儡，建立朝政，竟然还真的拉过去一群官员。

突厥人每每对中原战事指手画脚，割据中原的几位大佬，要么是直接向突厥借兵，要么是像李唐一样对突厥称臣。

卑躬屈膝，毫无尊严。

那年号称"西秦霸王"的薛举，带着突厥兵进攻李唐，大败李世民，几乎就要杀过来。

突厥人就在薛举背后冷笑。

好在突厥人智商比较低。

有一位名叫宇文歆的说客，跑到突厥，不仅忽悠突厥人跟薛举断交，还忽悠突厥人把得来的领土还给李唐。

薛举一头雾水。

宇文歆淡淡一笑，表示这是基本操作。

至于后来突厥大规模入侵，更是逼得李世民单骑上前，靠一腔胆色，大不了一拍两散，鱼死网破，暂时唬住了突厥兵马。

但终究是个隐患，突厥人几次三番掳掠边境，把大唐当作提款机，想来玩多少人就玩多少人，想取多少钱粮就取多少钱粮。

以大唐的性子，势必是忍不了的。

那年听说突厥大雪，又有几个部落叛乱，李世民当机立断，拍板反攻。

此时将军年近四十，又重返沙场。

将军是个先锋官，他的上司威名赫赫，叫李靖。

那场突厥之战里，正是李靖连夜翻过阴山，长途奔袭，三千人直捣黄龙，沿途放出消息，说大唐三军已尽数杀到。

突厥可汗一日数惊，又不知大唐兵马在何处，当李靖带着三千人浩荡冲来之时，全无战意，仓促抵挡之下，也不知李靖是怎么带的兵，风一般就杀进了定襄城。

突厥可汗疯狂跑路。

这场战役没有任何亮点，感觉反派弱极了，所以我一直以来都觉得李靖是不是没那么强，后来我才明白，原来善战者无赫赫之功，说的就是这种。

没办法，实在太强，三千兵马都能奔袭破城，还打得跟碾压一样。

这场举重若轻的战役之后，突厥可汗就开始请降，李世民美滋滋地派出使者，使者也美滋滋地去跟可汗谈判。

李靖表示，我觉得这时候该一鼓作气，灭了东突厥。

同僚无语了……但使者还在那边啊。

李靖说:"正因为使者在,可汗必不防备,能一网成擒。当年韩信攻齐,不就是这副样子?区区一个使者,跟灭东突厥比起来,不算什么。"

使者一头雾水。

使者口若悬河的时候,浑然不知李靖已经出兵。

估计这时候大家已经快忘了,其实我们的主角是少年将军。

那位将军正是先锋,二百人,趁着夜间大雾,摸到了可汗营寨附近。

天公不作美,恰巧大雾就在此时散了,将军和部下都在此时显露身形。突厥人和部下都面面相觑,部下们看着连绵的突厥营寨诚惶诚恐,问现在怎么办,逃吧?

将军笑着说:"逃?不,我们干他娘的。"

遂以二百人突袭大营,突厥人手忙脚乱,营寨被将军刀光点燃,烧成了一片飞灰。

李靖大军随后杀到,突厥人溃不成军,不久后被其他几路大军擒获,东突厥至此灭亡。

将军不服就干的威名开始传出,以至于后来大唐征讨西突厥,将军又披甲上阵。

那会儿将军六十三了。

这次将军的上司大家也很熟——程咬金。

只是程咬金老同志跟我们想象中的还有所不同,这次打仗没那么厉害，被敌军夹击围困，艰难得很。

将军正从后面赶来，在山头遥遥望见，部下都变了脸色，说："赶紧去救吧。"

将军摇了摇头说："你们看见突厥人的后军了吗？我们绕到那儿去。"

遂率五百骑，冲入敌阵，大破敌军，追奔二十里，杀千五百余人，获马两千匹。死马及丢弃的盔甲，绵亘山野。

将军横刀沙场中，顾盼自雄。

但这样的军功，就会被行军总管忌惮。为了不让将军再立功，行军总管甚至刻意龟缩不前，饿死了不少马匹。

将军去找程咬金说："你要不上道奏折骂他？我觉得你现在应该学学项羽，杀了这个狗屁总管，我们能灭西突厥，比什么都强。"

程咬金揽着将军说："小苏啊，我们都这把年纪了，功劳和荣耀都太多了。像我，如果再灭了西突厥，你让朝廷赏我什么呢，赏我一死吗？"

程咬金没听，这一路上程咬金什么都没干。

这是历史上的程咬金，可半点儿都不草莽，精明得很。

不精明的是我们这位将军，从征讨西突厥回来后，从来不曾停歇，他再战西突厥，灭西突厥，又在朝鲜半岛灭了百济，攻伐高句丽。

直到七十多岁，还以少胜多打赢了吐蕃，最终在抵御吐蕃的沙场上逝世。

马革裹尸，这位将军名叫苏定方。王者峡谷里的苏烈，就是以他为原型。

那些年大唐威名远播，胡尘远去，只有将军的刀光与热血，黯淡在千秋的岁月里。

我很喜欢那些英雄相逢的故事。

故事里的主角之一乃是个书生，他年轻时也意气风发，说："天下快乱了，我要指点江山，翻云覆雨。"

他爹说："别乱说话，被人听了会死。"

书生无语了……

那会儿书生还不把这种良言放在心上，十八岁就中进士的书生但觉天下弹指可定。

很快他就被现实按在地上摩擦了。

书生跟一位王爷混得熟，后来王爷反了，朝廷顺手也把他给贬了。

还是几乎再无升迁的那种贬。

任你什么惊世奇才，就在无人问津处入土吧。

当是时，天下大乱，书生慨然忧中原，却再也没有办法出头。

不久后，他的父亲去世，书生回家奔丧。他还没来得及问问父亲，自己究竟做错了什么，自己还能再做些什么，父亲已经再也听不到了。

五日不吃不喝，书生醒来时，像是变了一个人。

从前意气风发的少年没了，怀揣惊世之才的沉稳中年人在暗夜中拜祭宗祖。

他说："爹，我会用舍由时，光耀门楣，让我们的姓氏响彻天下。"

用舍由时，行藏在我，几年后，书生的时机到了。

这时候书生已经年近四十了，他用自己最后一腔锐气，孤身仗策，去见他心目中的明主。

这个明主还很年轻，不到二十岁，意气风发，正派人安抚百姓呢，突然听到有个半老书生来访。

史称："一见如旧"。

仿佛是很多年前就相识的人，像是刘邦见到张子房，曹操遇到荀文若。

书生所说的明主都能听懂，明主所向往的正是书生渴求的盛世。

之后每到一个地方，明主的手下都忙着分钱，只有书生忙着笼络人才。

从此君臣携手，便再无什么可怕。

即便兵荒马乱，书生也能运筹帷幄；即便主公出征容易跟后方脱节，书生也能妙笔生花，打消后方对明主的疑虑。

而当天下大定，像每一个朝代都该有的针对功臣的运动即将开始时，书生又站出来了。

他对仍然年轻的明主说："今时不同往日，今日最大的功臣不是别人，而是王爷你，你不出手，迟早还是要死的。你是王爷，不是将军。"

运筹帷幄，当机立断，冒着生命危险伪装成道士进入王府密谋，这都是年近半百的人不该做的。

书生义无反顾。

遂有玄武门之变。

这位明主当然就是李世民，书生正是房玄龄。

很久以后的贞观年间，房玄龄不像魏征，他润物细无声，几乎没进谏过，但该做的事总是做，某些不好的命令到他手中，也能造福百姓。

后来李世民要征高丽，派他留守长安，事无大小，一应委任，书生辞不敢当。

李世民说："我不要你觉得，我要我觉得。"

房玄龄无语了……

"那臣尽力而为。"

李世民说："天天听魏征这么说，果然自己这么说就是爽啊！欺负老实人就是好！"

房玄龄一头雾水。

后来他抓来一些散播谣言的犯人，犯人说京城有人要反。

房玄龄问："是谁要反？"

或许是为了活命，或许是为了把事闹大，犯人当场一指房玄龄："就是你要反。"

这种牵扯要反的大事，房玄龄不敢自己决断，把犯人送去了前线。

李世民一头雾水。

李世民瞅着犯人："你说谁要反？"

犯人一咬牙："房玄龄！"

李世民一拍头："这不是智障吗？"

李世民一挥手，犯人当场被砍死。随后他又派人传话，说："老房你不行啊，我都说了什么事你自己拿主意，还给我添麻烦。"

这时房玄龄总会想起刚认识李世民的时候，二十岁的少年意气风发，拍着他的肩膀，说："以后我们相扶相助，你不负我，我决不负你。"

很多年过去了，房玄龄垂垂老矣，他缠绵在病榻上，连李世民亲自来看他都起不来。

李世民说："老房你就不能再撑几年吗？"

房玄龄笑着说："此生足矣。"

李世民说："朕不管，朕要你再撑几年！"

随后传令下去，砸烂宫墙，砸出一条直通房玄龄府上的路来，但凡听到房玄龄有什么病情变化，御医要第一时间赶到！

房玄龄笑了笑，他想起年少轻狂时的那些岁月，又想起今日今时的自己。

那好像已经是上辈子的事了。但他抬起头,看到眼泛泪光的李世民,又觉得不过一弹指间。

书生笑着说:"得遇陛下,臣三生有幸。"

贞观二十二年,房玄龄病逝长安,配享太庙,陪葬昭陵。无论后来又有几番儿孙辈的风云变幻,书生与少年的故事,总有个美好的结局。

提问:当你身边有个同事特别跳脱,是怎样的体验?

房玄龄:

谢邀,人在甘露殿,问政刚结束。

关于这个话题,我想多说两句。

我真傻,真的。魏征刚来的时候,我单知道他是个乱世里战略眼光极强的策士,当道士避开隋末征兵,为李密出谋划策,差点儿打败王世充,后来更是帮李建成拿下了刘黑闼,要不是隐太子自忖胜券在握没必要动手,陛下就危险了。

可我实在没想到他还是太平时期里的诤臣。

你以为跟诤臣当同僚是那么好当的吗?

那年陛下要修宫殿,鄙人不才,当时身为左仆射,顺口问了两句。

结果陛下就知道了。

回头埋怨我,说你管你的政堂之事还不够吗?我天天这么累,好不容易动这么点小工程,你还要管?

那我能怎么办？我当然只能跪下谢罪，我说陛下您建，是臣多嘴了。

原本这事到这也就结束了，君臣呵呵一笑就过去了。

没想到啊没想到，魏征这浓眉大眼的就跳出来了啊！

魏征上来就说，臣很费解啊，臣实在不知道陛下你在这儿骂什么，又不知道玄龄谢哪门子的罪。玄龄既为大臣，那是陛下的股肱耳目，陛下有所营造，耳目岂能不知？而且陛下所营造的工程，用多少工人，有多少成就，只有玄龄清楚这些，才能记录陛下善举。倘若陛下不善，也才能跟陛下掰扯。这是为臣之道啊，怎么就一个问罪，一个谢罪了呢？

陛下无语了……

跪在地上的本人无语了……

反正当时场面极其尴尬。

好在陛下是见过大场面(已经习惯了)的人，很快恢复如常，皮笑肉不笑地呵呵一笑，把我扶起来，并向魏征表示了愧疚。

如果说这种场面，只是单纯的尴尬，那还有很多次，有魏征这样的同事就真的能让你受无妄之灾。

那年朝里私底下有人吐槽越王，吐槽就吐槽吧，结果被陛下知道了。

陛下这个爹当的，从来都比较称职，向来护犊子。

听说自己儿子被吐槽，勃然大怒，把我们一群三品公卿叫进宫里。

就开始吼。

陛下说,我有一言,请诸位静听。

我一头雾水。

这个陛下看着好像有点面熟啊……

好吧,这不是重点。

陛下继续说,之前的天子就是天子,现在朕这个天子就不是天子了? 以前天子的孩子,就是天子儿,现在朕的儿子就不是天子儿了? 隋家诸王,个个都能把达官贵人当球踢,怎么着,我儿子素质好,不招惹你们,现在反被你们轻慢了? 真要是我放开手脚,你们有一个算一个,我儿子欺上门去,谁敢反抗?

太宗毕竟是打出江山的狠人,这一发怒,自然是虎啸山林。

那我们这群人能怎么办? 当然是先顺毛捋,纷纷跪下谢罪。

我跪下的时候,发现身边有道影子打在我头上。

我一抬头,天哪,魏征这狗东西没跪!

他又要搞什么!

陛下骂完了,一看魏征没跪,也吓了一跳。

他又要搞什么! 朕给儿子出口气也有问题?

成,魏征,请开始你的表演。

魏征开始了,魏征先给流言定了性,说必然没有群臣轻蔑越王,这是别有用心的人散布的流言。

接着,就开始怼陛下。

隋家诸王是什么德行,陛下您也知道啊,那您也该知道他们后来都什么下场吧?

我辈公卿,是天子大臣,陛下所加敬异,君臣共治,陛下您懂不懂啊?

纵然小有不是,越王怎么就能动辄折辱?

还当球踢,您当这是国家纲纪败坏的时候吗?这分明是圣明之时。圣天子当道,您当父亲的为孩子出气,随口说说还成,面对这公卿大臣,政堂议事,说的这是人话吗?

陛下面色数变,一时搞不清楚魏征究竟是在骂自己还是在暗搓搓地夸自己。

所以最后只能按旧例,哈哈大笑,说老魏你说得对啊!

如果这事到此为止,那还没什么关系。

主要是我们一群人都跪下了,就魏征说得对,那我们这群人成什么了?

陛下把我们叫过去,数落了一个时辰。

完事赐了魏征一千匹绢。

亲娘嘞,影响仕途啊!

就这儿,还不能完全体现我复杂的心情。

同事很跳脱是什么意思?不是说他从头到尾一个模样,他是会变的。会变,你懂吗?

那天陛下又找我们来问政。

问创业难还是守业难。

那陛下是开国之君,我肯定说是创业难。

结果我没想到啊,魏征这浓眉大眼的,也开始拍马屁了啊!

年轻人不讲武德!我大意了,没有闪啊!

魏征说,还是守业难。创业之时,是帝王应命而生,天下仁义加身,为民除害,天授民与,是同心协力的,不难。反而是成就大业后,容易骄奢,容易大兴土木,与百姓求休养生息背道而驰,所以守业更难。

我看着陛下笑呵呵点头的样子,忽然就悟了!

是啊,我夸创业难,那贞观盛世的功劳岂不就弱化了?

你看看魏征夸的,打天下时是天命所归,陛下就是应运而起的真天子。到了守天下,还是您能克制私欲,与百姓并肩,完成了比打天下更难的事。

创造盛世。

高手,这才是拍马屁的高手。

陛下笑完了,扭过头来看我,说玄龄啊,这次你说的就不如魏征说得真切了。

我无语了……

当你身边有个特别跳脱的同事,你能是什么体验?

只能是五味杂陈,欲哭无泪。

拜拜了您嘞,我去修《唐律》了,不跟你玩了,哼!

第二部分　此身合是诗人未

其实李白有千万种,我的那个李白,就从一个游戏说起吧。

前几天你做了一个梦,梦里有人跟你说,要你穿越回大唐,当一次李白。

刚开始的时候你如鱼得水,毕竟拥有李白的天赋啊,五岁诵六甲,十岁观百家,你从没想过,原来读书可以这么简单。

唯独练剑辛苦了点,你练了一阵就放弃了。

这年头太平盛世,练剑干吗呢?

不如考科举。

然而这时你才知道,李白不考科举是因为豪商子弟就不能参加科举。

你一头雾水。

既然科举不可取,要想成为李翰林,就只能找人举荐当官,或者是养养名望,让人请你。

于是二十多岁的你出山了。

凭天赋才情,你照样能写"犬吠水声中,桃花带露浓,树深时见鹿,溪午不闻钟"。

不少官员也觉得你厉害。

但没人举荐你当官,其中有个礼部尚书,还苦口婆心,劝你多读点经典。

你不服,出山绕了一圈,又碰到了一个刺史,对你不屑一顾。

刺史不怒自威,你都没敢多说什么。

只好回头读书,乖乖地看些经典,希望能在书里找到条大人物们喜欢的路子。

又读了几年书,这次你觉得自己可以了,带着家里给的钱,出蜀找门路。

所谓找门路,其实就是花钱结交权贵。

最后你钱差不多花光的时候,凭着一支妙笔,还真有人让你来当个负责起草文书的吏员。

你面对这个结果,当场就想摔了笔。

就当个小吏,哪还用得着跑出这么大老远啊,你家在蜀中就能给安排上!

只是眼下你灰溜溜回家,没脸面对爹娘。

罢了,小吏就小吏吧,反正还有希望通过考试,升职为官。

当你正式成为小吏后,没多少钱了,也没什么人举荐,你这才发现连考试的机会都落不到你头上。

没人举荐,你老老实实三年一考核,过了二十七年,才升到吏员九品,获得了考试资格。

五十多岁,头发稀疏,你成功当上了九品官。

这时候你发现,李白写的那些诗,你一句都写不出来了。

然后安史之乱到来。

你死在战乱之中。

恭喜你达成游戏结局——白发废柴。

你无语了。

没事,反正我们可以读档,还可以让你粗略了解了一下李白的生平,你发现原来李白的钱没有花给权贵,一年花光三十万,多半是救济寒士、落魄公子。

你恍然就明白了,这是培养名望的路子啊,给大官当狗那岂能是李太白?

想通这一点,你在淮扬那几年就痛快了很多。

你开始花钱如流水,扶危济困,顺便也请些你原本就喜欢的朋友吃饭。

就这么着,你认识了名满天下的孟浩然。

还娶了爷爷是高宗丞相的许家姑娘,当然说是娶,但跟入赘也没两样。

其实大家都是体面人,许家对你也很尊敬。

只是你不服。

你养望了这么多年,当然想看到一个结果,于是你又去了京城。

这路上也给几位当地官员写信求举荐,你想过要用什么样的文字写,最终你沉吟片刻,觉得还是不能太卑微。

你可以给那些权贵吹彩虹屁,说他们天上少有地下无,但同时不能贬低自己。

那几封信的大概意思就是,你们是这天下间少有的伯乐,我现在特别惨,你要是能用我你就是慧眼识珠,但你要是不用我,那天下间哪个王公大人之门,不可以弹长剑呢?

这两封信写完,你不由又是一叹。

这时候你觉得你已经发现了李白这个人内心深处的阴暗。

原来没有什么浪漫主义的诗仙,他只不过是个一边想求官,一边想给自己立牌坊的普通书生罢了。

而这种书生,大人物见得多了,并不会因为你文笔好而举荐你。

你在长安城里落魄市井,屡受欺凌,跟几个听说过你名字的诗人一起喝酒,写下《行路难》,又与另一个同样来自蜀中的朋友喝到大醉。

写了《蜀道难》。

恍惚间你笑了笑,觉得自己虽然混得惨,但好歹有李白的样子了。

你颓然回到许家。

四十岁了,你还没有碰到赏识自己那个人。

你跟元丹丘、岑夫子他们聚在一起,酒酣耳热之际,你皱了皱眉,忽然觉得这个时候你该写一首诗。

但你满脑子都是我何时才能遇到赏识我的那个人呢?

所以那首诗你开了个头,却接不下去了。

你只写了"君不见黄河之水天上来,奔流到海不复回,君不见高堂明镜悲白发,朝如青丝暮成雪"。

是啊,时光易逝,青春不再,功业难成。

你望着这两句诗,后边人生得意须尽欢,你却怎么都落不下笔了。

你想,我何尝得意过呢?

这一刻你开始发觉,原来自己可能并不像真正的李白,那个求官还要立牌坊的普通书生不是李太白。

那只是你而已。

几年之后,四十二岁的你在长安遇到贺知章,你终于碰到这个赏识你的人。

你一跃成为翰林学士,你终于不用再立牌坊了。

养名望就是为了当官,既然当了官,那就不用再装高士了。

你开始挥霍自己的才情,来给玄宗写他想要的诗词文章,你开始被玄宗看重,引为心腹。

你很开心,去贺知章府上大醉,你觉得自己比李白本人都要厉害。

只可惜杨国忠略施小计,他跟你说要交朋友,送你一个功劳,让你跟圣上说东鲁有金矿,你说了之后杨国忠才一脸诧异,说怎么你不知道那金矿下边有龙气吗？

你被贬了。

天宝三年，四十四岁的你灰溜溜地离开了京城，在洛阳与杜甫相逢，他刚开始对你很崇敬。

但相处几天之后，你发现杜甫都不怎么想招待你了。

刚刚三十岁，还处于少年意气尾声的杜甫在送别宴上，借着酒意对你说，不曾想那个写绝了七言古诗的李太白，竟然是个俗人！

振聋发聩，那一刻你在洛阳的宴席上，跌落回黑暗的梦境中。

恭喜你达成结局——天纵之才的俗人。

你在黑暗里沉默了很久，你想我是怎么变成一个俗人的呢？

想了想你才发现，哦，原来我本来就是个俗人，我就是想要功名利禄，真让我有李白那种才情，也活不出李白的样子。

那李白想要什么呢？

梦里那个声音又传过来，说："所以你还要再来吗？"

你笑了笑，从黑暗里站起身说："来，当然要来，现实里只能当个俗人，还不能让我做梦当一次李白吗？"

于是你从头开始。

你又见到第一次离开家门游历的时候，那个训诫你的刺史。

你忽然笑起来,完全不理会他的训诫,回头就甩给他一首诗。

"大鹏一日同风起,抟摇而上九万里……宣父犹能畏后生,丈夫未可轻年少!"

从此,世俗的非议与束缚,都被你抛在了身后。

三十万钱随手花光,你也满不在乎,不图什么名望,也不想什么做官,反正面前有酒,对饮的都是朋友。

你喊一声"干",豪气直上干云霄。

你也懒得去求官,那些原本应该名垂青史的书信你也懒得写,四处周游,去跟朋友混饭。

有朋友死在路上,没钱安葬,你也扬声大笑,当了衣服买来一壶酒,坐在他的尸体旁边喝边饮,说:"浮生如梦,人生如逆旅,恭喜你先走一步,永归于本宅。"

大笑三声,你随便挖了个坑,把他给埋了。

然后大步离开,路上遇到一只猛虎你也不在意,反而逼上前去,问老虎喝不喝酒。

老虎屄了,生怕提前在大唐就遇到个喝醉的武松,当场就溜了。

有时候世道就是这样,你越不求名利,名利来得就越快,这次你三十多岁,竟然就真的名满天下,而且还不乏有人来举荐你为官。

你想了想,决定还是去看看。

上次的心态不对，没在长安城里留下自己的影子，大唐盛世，不可不看。

于是你在翰林院里斗酒诗百篇，你在长安城里天子呼来不上船，你要高力士脱靴，你要杨国忠磨墨。

杨国忠磨好墨，你拍了拍他的脑袋，哈哈大笑起来。

在杨国忠愤懑的眼神中，你醉草吓蛮书，惊破了四方异族的胆子。

龙椅上的天子跟着你扬声大笑，然后赐你许多金银，送你回到江湖了。

你在洛阳指点杜甫，你在江南送别王昌龄，你逍遥在天地之间，没钱了大口喝水，有钱了就只管挥霍，一直持续到安史之乱爆发。

那年，你也跟杜甫一样，见到过许多苦难，你路过一个小村子的时候，这个村子里还有归隐的读书人，他听过你的名字，笑着捧出农家的腊酒来招待你。

你醉后睡下，再起来时发现有乱兵已经杀进来了。

那个招待你的书生，跟他可爱的小女儿，瑟缩在角落里，更远处是烧上天空的大火。

你恍惚起来，你想生老病死，总有命数，生不算可喜，死也无可悲，你既然要过超脱世俗的一生，那就当一个自己的旁观者吧。

这时你听到了推门声。

风忽然灌进来，抬起头，是漫天的星光。

原来你已经站在了门外，原来推门的是你自己。

你手按在腰间的剑柄上，胸中忽然涌起一股难言的愧疚。

你还没来得及搞清楚那愧疚是什么，你就已经往前踏出两步，猛地拔剑出鞘，说："李白在此，休得放肆！"

只可惜你的豪言壮语，救不了谁的性命。

交手三五个回合，你就被乱兵斩杀了。

你想起你很小的时候，那时有名师教你练剑，但你嫌累，放弃了。

回到梦境的黑暗中，你就主动开口了，说："我知道我仍旧不是李白，这次是什么结局？"

梦里的声音说，这是——含光混世的隐者。

你点点头，脑海中总是闪过大火，小村，与那对父女惊恐的面容。

你长长吐出一口气，对着黑暗说："再来一次吧。"

这一次，你从小熟读文章经典，也开始刻苦练剑，不过与以往不同的，是你开始留意身边的人，你开始觉得这些百姓也很可爱。

跟人讨价还价的小贩，喜欢读书又不求甚解的客商，乡间地头愿意招待自己的老农。

比起朝廷里的权贵，这些人可爱多了。

你看了看自己的衣服，脑海中陡然明白了李白究竟在想什么。

这一刻你开始与李白的灵魂共鸣——"白，陇西布衣也"，我从没想过成为权贵，我为我自己是布衣而骄傲。

那些求官的一幕幕，不过是因为我想为这些布衣，多做些事罢了。

如果求官不能做事，那这官我不当也罢，如果做事不成，那我就回来写诗立言，如果立言没用，那我就仗剑江湖。

我要以一个布衣的身份，来拯救这个天下。

你想笑，想说原来李白是个这么天真的傻子，然后发现自己早已泪流满面。

还是跟以往几次一样，你二十多岁，离家远游。

你拜谒公侯，坦然求荐，妙笔生花，丝毫不觉得自己有什么卑微可言。我的才华就在这了，你用不了是你的损失。

你仍旧会跟道士做朋友，去各个名山寻访隐士，觉得他们超脱世俗，不拘礼法，值得大笑痛饮。

只不过你又写诗，讥讽权贵求仙问药，枉顾苍生。

你仍旧向往从军报国，却又写诗讥讽穷兵黩武，说三十六万人，哀哀泪如雨，且悲就行役，安得营农圃？

这诗看着就像杜甫写的。

你也想过会不会自己这次仍旧活得不像李白，但你早已管不了这么多了。

你仍旧花钱大手大脚，请那些朋友吃饭，你在席间告诉他们,黄金白璧买歌笑,一醉累月轻王侯。

他们大声叫好,眼里有光。

但你能看出来,他们中间很多人的光都是虚假的,都是暂时的,他们并不觉得布衣真的可以傲王侯。

没关系,席间至少还有一个杜甫杜子美,是真的为你感动。

杜甫私下里问过你关于七言古诗的写法,你没跟他讨论这个,而是指着河边拉船的船夫,为船夫们写了一首诗。

你告诉杜甫,怎么写诗不是关键,宫体诗的四声八病也是绝妙,但宫体诗没有灵魂。诗从谁的眼里出发,落到什么人的身上,这两者的高度,才是诗的高度。

那个死在路上的朋友,你还是没能救他。

但这次你不再随便埋葬他了, 你背着他的尸骨走了上千里,要把他葬回家乡。

朝廷还是那个朝廷,你仍旧不得志,最后还是被赐金放还。

但你就还想着折腾。

你开始提剑去北方,你要去刺探安禄山的情报,如果能拿到确切的证据,或许能让长安城警惕起来。

只可惜你没拿到什么证据。

不过好在这次你提剑游历江湖,救下了一个名叫郭子仪的人。

多年以后,正是这个人力挽狂澜,救下了你的性命,也救下了大唐江山。

至于你为什么会陷入危机呢?很多人说李白是想当官想疯了,要去投奔什么永王。但你在梦里,你知道永王是会失败的。

但你还是忍不住要去。

因为永王要合江淮之兵,一起北上收复失地,怎么看都是一个平定天下大好的机会。

永王还请了你三次,你当然忍不住要去,还为他写诗,把这口号喊得震天响。

你想这样一来,他总不能不北上了吧?

你还是低估了这些政治人物的脸皮,他就是可以打着北上的幌子,去干割据江南的屁事。

所以很快,他就败了,被你的故交高适打败,你也被高适俘虏。

于是你知道,这一次你又一事无成。

流放夜郎什么的你当然也知道,很快就被赦免回来了嘛,你跟从前的朋友相逢,想去跟他喝酒,身上一分钱都不剩。

你又笑起来,说咱们现在过得是真惨啊。

天下间还多得是更惨的人……不过没关系,所有苦难总会过去,我还没死,就还想尽力。

晚年了,你还写诗写信,说:"要不让我投笔从戎,我这身剑术还能去当个老卒吧?"

没人理你,你自嘲地笑了笑,然后在百无一用的境地里,写"我且为君槌碎黄鹤楼,君亦为吾倒却鹦鹉洲"。

后世有个叫辛弃疾的人，老年想起来自己的壮士难酬，跟你是一个味道。

终于，这次你死了，梦里传来一个声音，说你通关了。

你就是李白，你终于成了李白。

李白是更天真而又未曾施展过抱负的辛弃疾，是更洒脱的苏东坡，是更自信的杜子美。

是永远笑傲王侯，却苦苦沉浮的布衣。

梦里的声音说："你有什么感触呢？"

你想了想，深吸口气，仰头说："我要再来一次，我就不信，布衣李太白，救不了大唐苍生。"

好，重新再来。

你是李太白。

说到李白的狂，大唐年间有位舔狗，充分展示了李白的狂。

那年李白住在一座山里，潜心学道，有位孟少府闲着没事，贬低李白住的那座山，说那座山一点都不好看。

那粉丝能忍？

我家大大住在什么山，那座山就是最好的山。

粉丝当场写文，以山为第一人称，回击孟少府。

粉丝的文是这么写的："近者逸人李白自峨眉而来，尔其天为容，道为貌，不屈己，不干人，巢、由以来，一人而已。"

就是说我这座山吧，没什么出奇的，但有个高人，名叫李白，就住在我这儿。

李白这人，有多好看呢？你都没法形容，那是天姿道貌，你懂吧？

而且李白从不求人，当年尧把天下让给巢父、孔由，那两人看都不看，就是不要。

这么高风亮节,除了他俩,千年以来,也就只剩我家李白大大了。

这还没完,这位粉丝继续开始表演,他说我家李白大大在山里住了几天吧:"既而童颜益春,真气愈茂。将欲倚剑天外,持弓扶桑。浮四海,横八荒。出宇宙之寥廓,登云天之渺茫。"

来,起立,鼓掌,这位粉丝舔得好啊。

这文笔,这神仙气概,写得是酣畅淋漓。

孟少府能怎么办? 孟少府说不过,只能尿了。

粉丝的力量是强大的,不仅可以帮巨星李白骂别人,还可以帮李白写推荐信。

那年李白比较困顿,他那么爱撒币,穷也很正常。

所以粉丝就找到了一位宋大官人,想让这位官人推荐自家大大。

同时,或许是粉丝觉得宋大官人文笔不行,自己就替宋大人写好了推荐信。

信是这么说的:"臣所荐李白……怀经济之才,抗巢、由之节。文可以变风俗,学可以究天人,一命不沾,四海称屈。"

我家大大,经世济民! 高风亮节! 文能移风易俗,学能上究天人,四海之内,没人不服我家大大!

宋大人无语了……

宋大人还能说什么? 就只好把推荐信递上去。

然而这么风骚的推荐信,鬼才用你嘞。

这些还都是基本操作,基本操作你懂吗?还有神仙操作。

就是字面意思,把他家李白大大吹成神仙,还吹得有板有眼。

粉丝说李白:"吾希风广成,荡漾浮世……为三十六帝之外臣。即四明逸老贺老章呼余为谪仙人,盖实录耳。"

这是什么意思呢?这是说李白大大啊,是三十六天外的天帝外臣,你看贺知章都说他是谪仙人,这不是吹的彩虹屁,这是说真的呀。

唬得人一愣一愣。

所以按理说,这位粉丝才是李白最大的舔狗。

那这位粉丝是谁呢?

这位粉丝还写过不少吹捧李白的诗,我来给大家看一看。

基本操作:

"天生我材必有用,千金散尽还复来。"

"仰天大笑出门去,我辈岂是蓬蒿人。"

"我本楚狂人,凤歌笑孔丘。"

"黄金白璧买歌笑,一醉累月轻王侯。"

神仙操作:

"湖州司马何须问,金粟如来是后身。"

没错,我并没有跑题,以上这些彩虹屁都是李白自己狂吹自己的。李白最大的舔狗,正是李白本人。

而李白为什么这么有魅力,文采特别飞扬呢?

还不是因为他天天当自己的舔狗，一把疏狂气，朗照千古。

　　所以我们重新介绍一下，这位大唐巨星应该叫：李·舔狗舔到最后应有尽有·太白。

【脱发的杜子美】

我是杜甫的头发，我感觉我快要死了。

最近杜甫脱发，一根根的，他感觉自己快要秃了。

我就对老杜说："你别天天这么愁眉苦脸，我还想多活两年呢，你也不想英年早秃，是吧？"

杜甫说："长安什么都贵，挣不到钱，焦灼。"

我说："行吧。"

那天杜甫去陪人喝酒，陪人玩，还要陪人写诗。

挣了不少银子，但头发还是哗哗掉。

我跳起来说："杜子美你有完没完，你这不挣到钱了吗，我咋死得更快了？"

杜甫醉醺醺地，正瞅着自己的诗傻笑。

那诗叫什么《陪李金吾花下饮》《陪郑广文游何将军山林十首》。

杜甫说："会当凌绝顶，一览众山小。二十岁的杜子美登绝顶，四十岁的杜子美成小山。"

杜甫说:"呸。"

头发哗哗直掉。

我觉得我命不久矣。

那天杜甫出门投拜帖、找工作,大冬天雪花纷纷洒洒,头发紧贴着头皮。

杜甫说:"你干啥呢?"

我说:"我冷,借你点儿体温。"

杜甫说:"行吧,这些年亏待你了。"

这话还没说完,杜甫又开始脱发,刚走到投拜帖的大官门前,头发就落在了地上。

我急了,说:"杜甫你这真过分了。"

杜甫也抖,说:"这不怪我啊,我是真忍不住。"

我说:"你忍不住啥啊,投了拜帖,进门就是烛光火炉美酒佳肴,咱俩都能活。"

杜甫回头一指,长安冬日的长街两侧,有冻死的乞丐窝在那里,已经僵了。

我说:"杜子美啊,那关你屁事?"

杜甫说:"我不知道,我就觉得关我的事,我看见朱门酒肉臭,路有冻死骨,我就不舒服。"

我不说话了,杜甫也不登门了,他回家了。

我说:"这么下去对你没好处,我死了你就是秃子。"

那年杜甫决定收拾东西回老家,带着他的头发。

他已经在长安待了十年,再待下去估计就真成秃子了。

我很开心,觉得杜甫终于想开了,假如杜甫能学陶渊明,说不定还能认识几个菊花妹妹。

还没回到家,我就觉得事情不太对。

门里正传来撕心裂肺的哭声,杜甫停下脚步,又快速向前跑,冲进家里。

头发向后飘,无数根断发在杜甫推开门的那一刻坠落在地。

杜甫的小儿子死了,饿死的。

那天杜甫埋了小儿子,头发大把大把地掉,只是这次我没有出声。

杜甫写了首特别长特别长的诗,诗里写长安的朱门酒肉臭,路有冻死骨,也写入门闻号啕,幼子饥已卒。

我叹息:"老杜啊,你还是别出去了,就在家好好待着吧,耕读传家挺好,真的。"

杜甫说:"行,我待着。"

结果没两天,听说安禄山起兵,潼关失守,玄宗西逃,太子立下新朝廷。

杜甫又跑去投奔新朝廷了。

半路上，杜甫被叛军抓了，又被关进了长安城。

折腾啥？真的，你说你折腾啥？

我还撞见了王维的画，这位兄弟也快死了，哗哗褪色，一张脸惨白惨白的。

我问："你这是咋了？"

王维的画哭唧唧地说："我完了，我不干净了，我是被送给叛军的。"

我说："嘻，那不挺好的，你瞅我家老杜，叛军都不知道他是谁，他写诗都没人要。"

王维的画无语了……

王维的画说："那挺好的，要是有朝一日拨乱反正，你家老杜还是个干净人。"

我笑起来，哈哈大笑，笑弯了腰，笑断了腰，又落下不少的头发。

我说："杜子美，原来你在长安十年险些饿死，还能换来今日的干净。"

杜甫跟我喝酒，他喝一口，灌我一口。

杜甫说："咱们刚来长安的时候，都风华正茂。那会儿长安还有饮中八仙，有李白、贺知章，有所有繁华与美好，今儿个全没了。"

"白头搔更短,浑欲不胜簪。"杜甫说,"我真快秃了。"

我说:"无所谓了,这狗日的世道,等我死了你就去当个和尚,写和尚诗,哈哈。"

杜甫说:"我不,我不当和尚。"

我没想到,老杜这家伙竟然能趁城外两军对峙的时候逃出去。

厉害了。

杜甫逃出去,还是去了新朝廷,当上了左拾遗。天子很看好他,让他当新时代的魏征。

杜甫信了,所以他就被贬了。

我说:"老杜你是不是傻,好不容易有个当大官的机会,你干吗呢?"

杜甫说:"我活着总不能只为了当大官。"

那些天杜甫又回了趟家。他大儿子长在村子里,有点粗俗,还骂他没用。

我偷偷请大儿子的头发帮忙,扯这孙子的头皮。

杜甫看出来了,他说:"算了,儿子说得对,我是挺没用的。"

我说:"我就是看不惯,这事你别管。"

几个月后,朝廷又来叫老杜回去当官。

104

我说:"你别去了,天子是个傻子,你去了肯定还是会回来。"

杜甫说:"不行啊,我还是要去。"

然后又掉一堆头发。杜甫的妻子直哭:"你何苦这样为难自己呢?"

杜甫沉默着,后来他又说:"孟子曰,无恒产而有恒心者,唯士为能。我算不上士,好歹是个读书人,我要为天下百姓做些事才好。"

妻子说:"你要是饿死,被人杀死在外面怎么办?"

"就像我们小儿子一样。"

这一句妻子当然没说,但我猜杜甫清楚。我看见杜甫闭上眼,双唇颤抖了很久很久,像是被空气扼住了喉咙,才慢慢地说:"苦了你了。"

妻子哇哇大哭,她说:"我不苦,我嫁你那天就知你为人,只是我见不得你这样掉头发,我心疼。"

杜甫泪如雨下说:"对不住,这辈子我对不住你。"

那天杜甫还是走了,只要有一线为民请命的机会,无论路上有什么,他总是会去。

老杜已经很老了,他弯着腰,散着发,从床上爬起来,再次走向天下。

我是杜甫的头发,我想我快要死了。

杜甫在天下路中走了很久很久，直至艰难苦恨繁霜鬓，潦倒新停浊酒杯。

我的命如残火，苍白而稀薄。

但我又能说什么呢？我只能陪着杜甫，陪他痛饮与怒骂，陪他长吟又长哭。

　　黄昏，大概是六七点钟的时候，我遥遥见到了羌村。羌村像是一团被夕阳烧掉的云，从天空中不规则地落下，还沾染着红色的余晖。

　　这火焰灼烧着我，使我不敢前进。

　　其实我离开羌村不过一年，只是这一年里发生的事情实在太多，我以为我又回到了三十岁的长安，我将漫无止境地被困在那里。

　　后来我离开了长安，就像今天一样，我在一个黄昏遥遥望见我的家。

　　我推开门，里面传来我妻子的哭声。她看见我，目光里有很复杂的情绪，我用什么样的诗句也难以描摹。

　　她说："我们的儿子饿死了。"

　　那年我的大儿子跟村子里的人学会了骂人，他第一个骂的就是我，骂我为什么不去给他找吃的。

　　我说："我是你爹，你不能骂我。"

　　大儿子问："为什么？"

我给他讲君臣父子的道理,他说:"我听不懂,我头晕,饿。"

我在长安的这十年,歌功颂德的诗也写过,给公子权贵陪玩的工作也做过,我以为这些冰冷的记忆早已经把我冻成一根冷木。

回家之后我才发现,这根木头又渗出血来。

这次我又要回家了。

路总是要走的,无论路的尽头有什么,总要走过去才知道。

我走到家门前,矮墙、木门、萧条的四壁,院子里的鸡和鸟雀在争斗,叫声很吵闹。

正在驱赶鸡雀的是一个妇人和一个少年。我站在斜阳下,声音从喉咙里发出:"我回来了。"

我看见妻子也像木头一样,艰难地转过头来,她没有表情,眼睛里都是泪,干瘪的声音像是从其他时空传来。

妻子说:"你还活着?"

我说:"侥天之幸。"

妻子大喊一声,扑过来大声地哭,杜宗文就在旁边手足无措地看着,一个"爹"字在他喉咙里涌上来又咽下去。

或许是妻子的大哭引来了村人,矮墙上长出了许多的脑袋。这些脑袋都带着好奇的眼睛和唏嘘的笑,他们说:"哦,杜子美回来了啊,这年头能活着回来不容易啊。"

是很不容易。

那天回家以后,杜宗武怯生生地看我,他已经不太认识我了，在他母亲的催促下向我走过来，又噔噔噔跑开了。

我说："我给你讲个故事吧。"

杜宗武的眼睛一下就亮了，院子里的杜宗文也竖起耳朵听。

我把这一年里的事情告诉了他们，安史叛军还在往南打，太子已经拉起了新朝的旗号。我从羌村离开，就是要去投奔太子，出一份力。

路上，我被叛军抓住，被抓回长安。

我在长安生活了十年，尽管这十年是冰冷的，但还有些让人快活的记忆。我想起我写《饮中八仙歌》的日子，想起李白，想起贺知章。

他们都在长安。

现在长安已经毁了。

国破山河在，城春草木深。感时花溅泪，恨别鸟惊心。

烽火连三月，家书抵万金。白头搔更短，浑欲不胜簪。

我在长安还见到了王维，他脸色灰败，像是半死的人。他对我说："你留在长安，迟早会被叛军拉去给他们写诗，那便污了你的诗。我已经逃不了了，你冒死也要逃出去。"

王维料错了，叛军没有找我。

我只是一个困居长安十年的小官，叛军不认诗，只认人，我再次回到长安,还是无人问津。

原来当初不得志,还有这样的命数。

当郭子仪大军杀到的时候,我趁两军对峙,逃出城外,终于见到了新的天子。他让我当左拾遗,他要广开言路,做一代中兴之主。

后来我上书救人,痛骂奸臣,就被他贬官赶回来了。

这个故事我讲得不好,我本来想把它讲得跌宕起伏,被抓、逃离、重用、上书、贬官,我以为我会浓墨重彩地讲出来。

说出口的时候,我才发现我已经没有力气了。

不过宗武依然听得津津有味,他问我:"天子是什么样的啊?天子吃什么饭啊?天子有请爹爹喝酒吗?"

宗文问的就刁钻些,宗文说:"你不顶撞天子,不去救人,是不是就能当大官,把我们都接过去?"

我的回答淹没在门外的鸡叫里。

我推开门,把院子里的鸡赶到树上去,这才听到大门也被人叩响了。

羌村的父老们在外边,拎着新出的酒,说:"老杜,庆贺你活着回来,来一起喝点儿吧。"

妻子煮饭,摆桌,开席。

父老们把酒递给我,搓着手,脸色微红,他们笑呵呵地说:"村里的青壮都出去打仗了,庄稼少,这酒味淡。你是从京城来的,别嫌弃。"

我点点头,喝了口酒,酒味不仅淡,还有些苦涩,酒气梗在喉间,涌上来就泛成了泪。

我说:"我已经很久没喝到这么好的酒了。"

说罢,我又连干三杯。

浊酒入喉,我刹那间回到了天宝三年的洛阳。那年我的诗名动京洛,李白自长安而来,我们把酒言欢,携手秋波,醉里大声呼号。

那时的酒总是醇香。

这一年来,我已经很少喝酒了。

酒过三巡,父老们脸色通红,兴致高昂地唱起歌,欢迎我回到羌村。

我起身施礼,说:"父老深情,惭愧惭愧。"

他们看出我有心事,问我:"你能活着回来已是万幸,为何还闷闷不乐?"

我端着酒,说:"村子里青壮外出,田地荒芜,父老不宁,自然少些欢乐。"

父老们笑,说:"日子这么难,你还想这些?这都是改变不了的,老天爷的意思,咱们撑住就是了。"

我感到酒气又涌了上来,我以为早化成冻木的枯骨被酒气和血液点燃。我敬几位父老,说:"大唐有这样的百姓,才撑得住天地。"

只是这样的百姓,又如何能这样待他们?

我在心里这样想着,如此百姓,该有好田好酒,儿女成群才对。

我突然起身,为父老们作诗高歌。父老们的笑声回荡在羌村,歌声环绕在山外。

歌罢落座,我才发现自己已经涕泪纵横。

当天夜里,我与老妻久违的同榻共眠。我在昏黄的灯下写信,希望朝廷能救出房相国,再为百姓出些力。收拾床铺的老妻突然在我背后说:"你今天答宗文的话,我听到了。"

我回过头,看见老妻流泪看着我。

我心里一疼,我记得自己当时对宗文说:"人活着总不能只是为了当大官。"

老妻问我:"你何苦这样为难自己?"

我说:"孟子曰,无恒产而有恒心者,唯士为能。我算不上士,好歹是个读书人,我要为天下百姓做些事才好。"

老妻说:"可你已经快饿死了。"

老妻还有后半句没说:"我们的小儿子已经饿死了。"

我像是被空气扼住了咽喉,我闭上眼,双唇颤抖了很久很久,才说:"苦了你了。"

老妻哭得更厉害,她说:"我嫁你时就知你是这样的人,我不怨你,但你酿苦酒自饮,我心疼。"

我看着老妻,梦回二十年前,少女与才子初相见。

今时今日,灯下恍如隔世。

我起身抱住她，说："对不起，这辈子我对不住你。"

几个月后，房相国被救，朝廷再次征召我。天子对我已经有了隔阂，这次征召多半只是表面文章。

但我还是去了，只要有一线为民请命的机会，我也还是会去的。

羌村的父老们给我送行。我很怀念羌村的酒，我知道这次我的前路上，还有无数杯苦酒等着我。

直至艰难苦恨繁霜鬓，潦倒新停浊酒杯。

至死方休。

那会儿书生正少年，世家出身，也算得上一号长安贵公子。

骑竹马，绕城郭，逃学看花登青楼，也会呼朋唤友一场醉。

老师气急败坏来抓他，少年就仗着自己乃是天纵奇才，在诗文上问东问西，问得老师面红耳赤，无言作答，只能拂袖而去。

少年哈哈一笑，说："朋友们，我们继续喝呀！"

直到那年父亲死了，少年要自己撑门面。

有朋友说："要不我接济你点儿，你年纪还小，不该这么辛苦。"

少年就笑，说："不必，放眼四海，谁有我诗文风流？待我十四岁中举，自然重振家门。"

然则，少年没考上科举。

书生无语了……

书生大袖一挥，心说："没事，我才十四岁，我未来的日子还很长，有的是机会挥洒胸中抱负。"

这会儿书生已经不在长安住了，毕竟穷，加上他来回长安应试的路费，就更缺钱。

或许是出于穷，或许是想自立，书生再次举家搬迁，去虔州隐居。

他想，待我潜心读书，必能一举成名。

少年郎总是这样，对未来充满了积极的想象，他无法预料岁月的摧折与世事的变迁。

那些年里，书生偶尔出门游玩，结交朋友，更多的时候，真的就在虔州闭门读书。

奈何十年苦读，又没考上。

书生无语了……

书生怒摔，老子还不信了，老子非要考！

便又蹉跎几年，像他的偶像杜甫一样滞留长安，非要把科举考成。

还是那句话，意外与明天你永远不知哪个先来。

三十岁那年，书生正在长安准备参加科举，一支奇袭的军队突兀杀进城中。

黄巢军攻入了长安。

用《英雄志》里的一句话，这年书生屡遭变故，从此挥别轻狂，步入中年。

他目睹了黄巢军的暴行，写下一首叙事长诗，一时间广为流传，甚至有洛阳纸贵之势。

西邻有女真仙子，一寸横波剪秋水……年幼不知门外事。一夫跳跃上金阶，斜袒半肩欲相耻。牵衣不肯出朱门，红粉香脂刀下死。

南邻有女不记姓，昨日良媒新纳聘……忽看庭际刀刃鸣，身首支离在俄顷。仰天掩面哭一声，女弟女兄同入井……

昔时繁盛皆埋没，举目凄凉无故物。内库烧为锦绣灰，天街踏尽公卿骨！

那些美好的姑娘死在刀下，曾经谈笑风生的大唐公卿都化作长街白骨。

书生从长安逃出来，才发现战火已经连天下。

他带着家人向南逃亡，凭着他的才名，投奔一方诸侯，避身江南烟雨中。

逃亡路中，有时一梦惊醒，书生就再也睡不着。他想起年轻时的出门游玩，突然百感交集，写下一首诗，很是惊艳：

曾为流离惯别家，等闲挥袂客天涯。灯前一觉江南梦，惆怅起来山月斜。

岁月如浩荡东流水，生活总是要继续。

116

三十多岁的书生穿着春衫，行走在江南，走过山和水，走过一年又一年。

唐昭宗成了新的天子。

这位昭宗是个心怀壮志，有大唐热血不死不休之风骨的狠人。

他要大选人才，对抗各路军阀。

于是阔别长安十几年后，书生又回到了这里，也路过曾经熟悉的家乡，不禁唏嘘。

　　昔为童稚不知愁，竹马闲乘绕县游。曾为看花偷出郭，也因逃学暂登楼。招他邑客来还醉，儤得先生去始休。今日故人何处问，夕阳衰草尽荒丘。

当然，书生这次参加科举，仍然没考上……

太惨了，真的太惨了……

当书生滞留两年，终于考中科举后，天下又不是他来长安时的天下了。

唐昭宗的复兴之路失败，连宫阙都被烧了，而在此之前，书生还接了昭宗的一个任务。

要调解蜀中两位节度使的战争。

书生无语了……

自然，两位节度使不听昭宗的，仍旧打得很猛。

意料之外的是那个赢家竟十分欣赏书生。

这节度使常在暗夜找书生喝酒，说以你的才干，早来我这儿，便早可以造福一方百姓。

书生两鬓斑白，沉吟考虑着节度使的建议。

自己要投靠他吗？自己生长的大唐真的要亡了吗？

书生年过半百的时候，节度使给他送来消息——唐昭宗已经死了。

书生一声长哭，开始为节度使做事。

在任期间，惩治扰民的官员，阻止朱温的阴谋与几次不理智的动兵。

当朱温立国之后，大唐灭亡，书生痛饮几坛酒，便起身去劝节度使自立。

史称前蜀。

前蜀开国制度、号令、刑政、礼乐，皆为书生所定。其后为宰相，蜀民称颂。

只是有时这位老书生也会怀念起年轻时的岁月，比起北方，他更想江南。

他写：如今却忆江南乐，当时年少春衫薄。骑马倚斜桥，满楼红袖招。

还写：劝君今夜须沉醉，尊前莫话明朝事……遇酒且呵呵，人生能几何。

偶尔也会想起自己的第一家乡，那个再也回不去的长安与大唐。

书生写：人人尽说江南好，游人只合江南老。春水碧于天，画船听雨眠。垆边人似月，皓腕凝霜雪。未老莫还乡，还乡须断肠。

书生正是韦庄，他无肠可断了，因为他注定回不到曾经的家乡。

从前有个唐代诗人,调配江淮兵马,遏制水面上来往劫掠的一批批贼寇。

但终其一生,他从未得到过重用,几十年的岁月,都只蹉跎在醇酒和美人身上。

这位诗人晚年闭门不出,搜罗此生文稿,尽皆付诸一炬,所存仅十之二三。

那年书生白发苍苍,躺在病榻上斜望夕阳,恍惚忆起自己年轻时:长安城里车马如龙,自己一篇文章惊海内。

彼时正值科举,书生凭一篇赋惊动主考官,考官提前内定书生进士及第。

春风得意马蹄疾,那年他才二十多岁,在京城里流连欢宴,宴间但求美酒、美人,不拘小节的名声传遍天下。

那年书生醉酒高歌,当空长笑,只以为天下大可去得,世间无不可为之事。

几年后,他去往军中当幕僚,才开始发现许多事都不是他能改变的。

那会儿已是大唐暮年，藩镇割据，烽火狼烟。

而朝廷军中还只得过且过，书生终究人微言轻，他所提出的军备方案、兵法理论，都没有派上用场。

但是在《新唐书》这种惜字如金的史书里，竟然还出现了书生的兵策全文，其军事价值不言而喻。

奈何世道要藏书生的刀。

没有正事给他做，书生只能日日醉在酒色里。

那些年书生还认识了一个叫张好好的姑娘。姑娘低吟浅唱，翩翩起舞，眉目顾盼里像是月下仙子。

或许书生与姑娘还曾谈笑过风月，闲聊过仓促浮生，姑娘笑着说："以你的才华一定会功成名就，有美人常伴身侧。"

书生也笑，说："以你的才貌，定会锦衣玉食，像杜秋娘一样成为传奇。"

姑娘眨眨眼问："杜秋娘是谁？"

杜秋娘是个歌姬，写过首名曲：劝君莫惜金缕衣，劝君惜取少年时。花开堪折直须折，莫待无花空折枝。

凭这首曲子，杜秋娘成了节度使的小妾；节度使作乱兵败，她又入宫侍奉了唐宪宗。

据说还出谋划策，为宪宗出过不少力。几代君王更迭后，杜秋娘被遣送还乡，现在还活在金陵城外的云水深处。

姑娘笑了笑,说:"如果能活成杜秋娘这样,想来是不枉此生的。"

书生重重点头:"不枉此生。"

以书生的性子,本来是该去追姑娘的。

奈何上司的弟弟捷足先登,书生就只好堆起笑脸,恭贺他新纳美人。

那或许是一场简单的婚礼,又或许连婚礼都没有,烛影摇红,书生敬酒。他与姑娘告别说:"从此你在豪门,也算锦衣玉食。我不行,这儿不适合我,我得先走。"

姑娘也笑,说:"祝你前程万里。"

于是长路漫漫,书生又踏往京城。那两年里他当上了监察御史,史书说他刚直有奇节。

显然,刚直有奇节是换不来前程万里的。

书生蹉跎在洛阳城里,看牡丹花开花落,突然心里就很空,想去喝碗酒。

垆边人似月,佳人似曾相识。

打酒的时候,书生怔在那里,对面当垆卖酒的姑娘恰是当年的张好好。

故人重逢,相顾无言。

那天书生请姑娘喝酒,谈起往事很简单,男人都是喜新厌旧的大猪蹄子。

我未成名卿未嫁,可能俱是不如人。

推杯换盏间，姑娘忽然笑道："我是成不了杜秋娘的。"

书生又喝了几口酒，拍案道："我说你能，你一定能，我给你写首诗！"

姑娘有些怅惘，看书生笔走龙蛇，以张好好为题，写下首千古名诗。

这首诗风行天下。书生昂首大步踏出酒肆，他不甘心，酒意如火，他对自己说："我是不会输的。"

恰逢回鹘入侵，朝廷对是否出战犹疑不决。书生上书提议北伐，并以两汉北伐为例，分析用兵之道，当朝宰相拍案叫绝。

遂以书生之策出征，大胜。

随后又有节度使叛乱，书生再次上书，分析敌情地理，有条不紊，克敌之策尽在胸中。

宰相又准，以书生之策用兵，果然平叛。

那些年书生本该平步青云，但他没有等到。因为朝廷党争，书生曾在一派手下当过幕僚。如今当政的是另外一派，不仅不用他，还觉着他太有才华，文武兼备，不能留在朝中，只能外放到黄州当刺史。

飘飘几十年，如梦似幻，皆作烟尘。

于是狂歌痛饮，流连青楼，夜深人静时，书生会想起从前。从前他无意间见过杜秋娘，这才发现原来杜秋娘已经很老很老了，原来传奇和热血也都是会老的。

从前还有无数风流债，书生记得自己当年在湖州浪荡，见到过一个小姑娘。小姑娘喊着要嫁给他，他说十年后回来娶她。

十年已过，姑娘已嫁。

还有扬州——落魄江湖载酒行，楚腰纤细掌中轻，十年一觉扬州梦，赢得青楼薄幸名。

这是他写的诗，书生当然就是杜牧，年轻时名动天下的文章就是《阿房宫赋》。只是他沉迷兵法军备那么多年，于当时无补，于后世也未见流传，只有他自己知道胸中的千军万马。

在人生的最后几年，杜牧还遏制水上的乱匪，整顿江淮军备。那万卷平戎策，他几次三番说要扔进青楼里，却还是拿出来保一方太平。

那天他梦见白马，睁开眼时，突然想到这是在说白马过隙，自己此生的光阴尽了。

杜牧回想自己这一生，负了胸中所学，负了如玉的姑娘，只剩下些残破的文字。

于是杜牧笑了笑，写下自己的墓志铭，又找到自己那些兵法诗文，说："还是烧了吧，浮名文章千古事，不过一梦而已。"

从前有个书生,不慕权贵,刚烈不羁,年纪轻轻就凭着几首诗扬名天下。

那年书生中举,朝廷让他去当国子监助教,书生眉头一皱,觉着你这是看不起我。

遂离京云游。

朝廷一头雾水。

那几天,书生正在金陵游山玩水,金陵节度使就找上门来。

这位节度使很张狂,动不动就杀人全家,而且与朝廷很不对付。朝廷几次征召他入京觐见,节度使都充耳不闻。

书生听说节度使要找他当官,有点蒙。

但书生不是那种开挂的主角,文武双全,一条血路能杀出去。

书生还是去了节度使麾下,然后有事没事就去劝谏,说:"要以德服人,不能滥杀无辜。"

节度使脸上笑嘻嘻,心里根本没在意过。

节度使还让书生写文章,说:"你写篇文章,就称是金陵数万百姓联名上书,要求本官坐镇金陵,不能轻易去什么京城,好让朝廷别他娘的三天两头就来征召老子。"

书生像可达鸭一样眉头一皱,觉着事情并不简单。

这折子他要是写了,怕是日后就是万劫不复,不忠不义。

书生开始了他的表演。

首先握笔的手抖个不停,怎么也写不出字。节度使恼了,把刀横在他脖子上,书生哗啦一下,连墨汁都洒到了纸上。

书生说:"大人,我怕,真写不了。"

节度使冷笑说:"别他娘的装了,再装老子弄死你。"

书生无语了……

考虑到或许是自己演技太差,书生放弃了。

书生一丢笔墨,昂然望着节度使,说:"那好,那你杀了我吧,这等不忠不义的文章,我是不会写的。"

节度使恼了,当即把书生扔到了牢里。

如果不是书生名头太高,大抵已经是个死人了。

好在不久之后,节度使就被朝廷诛杀了,书生的刚烈之名渐渐为人所知。

只可惜,书生成也刚烈,败也刚烈。

几年后,书生进入朝廷中枢,与另外几个好友称兄道弟,共济天下。

谁政见不合,谁得罪兄弟,书生第一个忍不了,在朝堂上怼人，怼得极其凶悍。

对手当然不甘示弱，两帮人都对人不对事，彼此掐了起来。

史称牛李党争。

那几年书生从朝廷中枢，到地方县令，起起伏伏数次，都是跟党争有关。

书生脾气暴，某次被贬，路过一条大河，本地人告诉他需要先祭祀龙王。

祭祀的牲畜多，河水涨得才快，人们方能平稳渡江；牲畜少，就很难渡河。

书生大怒，说："这世上贪官污吏勒索百姓，龙王一方神祇也如此作为，祭祀个屁，我不骂死他我就不姓李！"

本地人诚惶诚恐，结果书生一篇文章骂下去，竟然就河水暴涨，畅通无阻。

这种性格，面对节度使，面对龙王，面对地方豪强，都很刚正。

但那会儿党争，碰见敌对的人，书生就显得非常无耻。

不分青红皂白，一定要给人定罪，秋后复议的机会都不留，当场斩立决。

书生还很得意，这是他所处的政治环境，一定要对人不对事，这才能重新高升，回到京城。

书生想的不错，他这样的做法，确实在政党得势之时，得以重回中枢。

只是离当年的自己，却越来越远了。

书生在京城，生活很奢靡，锦衣玉食，歌姬成群。有次刘禹锡跑到书生这儿蹭饭，委婉地给书生写了首诗，劝他收敛。这诗写得极好，书生大喜，当场就赏了他个妹子。

刘禹锡一头雾水。

那首诗里，有一句叫"司空见惯浑闲事，断尽苏州刺史肠"。

苏州刺史是刘禹锡自己，司空见惯，正是刘禹锡形容书生见惯了风月奢靡。

很难想到，见惯奢靡的书生曾写过这首诗：

锄禾日当午，汗滴禾下土。

谁知盘中餐，粒粒皆辛苦。

书生正是李绅，这首《悯农》的作者。

有人说李绅喜欢吃鸡舌，一顿饭能杀几百只鸡。这说法流传很广，但是谣传。

这个说法的出处，是清朝人写的笔记，主人公不是李绅，是宋朝宰相吕蒙正，说他喜欢吃鸡舌，鸡毛都堆积成山。

不过连这个笔记也是假的，清朝人写的小说故事而已，不曾在任何诗文史料中有过痕迹。

前些年网上传出文章，才使这说法广为人知。

谣传可以辟除，但李绅的奢靡与暴烈，却永远留在了人心里。

那些年,李绅手段严苛,办案治民常常不问究竟,治下百姓纷纷逃亡。

李绅仍旧满不在乎,他说逃亡离去的都是劣民,心里没鬼怕我做什么?

渐渐地,再没手下来向他进谏。

李绅一生奔波,最后病逝他乡,孤家寡人。

临死之际,李绅有些恍惚,仿佛自己又回到金陵。他一遍遍向节度使进言,说不能滥杀无辜,要以德服人。

李绅听见节度使满不在乎的笑,他抬起头,怔在那里。

梦中的节度使,不是别人,正是李绅自己。

谁知盘中餐,粒粒皆辛苦呢?

又为何四海无闲田,农夫犹饿死呢?

病榻之上,李绅回光返照,遽然坐起身来,他睁大眼睛伸出手,拼命想抓住逝去的自己。

从前那个年轻的书生却只是嗤笑,他抖抖长衫转过身,昂然大步离去。

李绅喉咙里发出嘶哑的叫,须臾,他悬在空中的手沉沉坠下,坠入深不见底的渊虚里。

浪荡二十年，才开始读书识字，能读到什么程度？

韦应物年轻的时候，大字不识一个，最喜欢喝酒，呼朋唤友，喝醉之后就与他们下棋赌钱，调戏东邻的漂亮姑娘。

这货仗着自己是名门之后，又受宫里喜爱，身为天子门前的随行侍卫，将飞扬跋扈视为理所当然。

那年头，只要叫韦应物一声"哥"，在京城里便能横着走。

曾经他的一个朋友杀了人，四处逃窜，论罪当诛。

韦应物眼都不眨，就把他藏在了家里。

官府找上门来，韦应物把刀一横，皱眉道："谁给你们的胆子，还敢搜我家？"

毕竟侍卫天天待在圣上身边，这谁惹得起？真去查他，到时候韦应物在圣上耳边多说几句，他还想不想当官？

许多事,就都不了了之。

那几年间,韦应物在京城呼朋唤友,能叫上名字的人物,都会卖他个面子。

但只有寥寥几人,会劝韦应物收敛点,多干点儿正事。老杨就是其中之一。

彼时韦应物三杯酒下肚,正是眼花耳热的时候,年少轻狂,还笑话老杨说:"正事,什么是正事?我仗义疏财,结交朋友,难道不是正事?"

老杨叹道:"朋友不是越多越好,闭门读书,忠义仁孝,那才是正事。"

韦应物撇撇嘴说:"读书是不可能读书的,这辈子都不可能。本人大字不识,还照样混得风生水起,读书能有什么鸟用?"

老杨劝不动他,他爹也管不了他,所以韦应物他爹想了个很奇怪的法子。

要给韦应物定亲。

从古到今,许多长辈似乎都有一种很奇怪的思维,仿佛一个人只要一个人成家了,结婚了,再不济有孩子了,他就会忽然成熟起来,忽然变成一个稳重的、大写的人。

而不是先成熟,再结婚生子。

韦应物他爹也一样。

韦应物对此嗤之以鼻:"想让我浪子回头?笑话,浪子不回头,才是大快平生!"

或许是韦应物的未婚妻在京城中无意间见过他两三面，认得他仗义疏财，急人所难，蠢是蠢了点儿，但还是有几分豪气。

又或许是这姑娘只是听了父母之命，总之，她是愿意嫁给韦应物了。

这姑娘叫元苹，家世同样卓绝。

无论是什么原因，是赏识也好，是认命也罢，韦应物总不能把自家老爹给卖了，退婚元家，把这样一个可怜的姑娘推出门外。

反正，大不了以后自己晚上都回家就是了。

那时韦应物还不知道，自己这次成婚，真的改变了他一生的命运。

京城之中，成婚的韦应物仍旧四处宴饮，醉酒高歌，还时常出手横行，与一群弟兄打架斗殴。只是调戏东邻女的事能免则免，晚上带着一身酒气，也终究是撑到回家再昏昏倒地。

很多年以后，韦应物回想起元苹把醉倒的自己抬上床的画面，就忍不住想一棍把当年的自己给打死。

这样的纨绔生活，终究还是有个尽头。

那年安史之乱，唐玄宗出逃，韦应物酒醒时但见晓风残月，偌大的长安城里，再没他的立足之地。

没了玄宗，又有谁会怕个小小侍卫？

从前的朋友开始绕着他走，他替人出头时又结过不少仇家，此时皆来讨债。

人情冷暖，如浮云流水。

元苹劝他离开长安，茫茫江湖，总能找到个落脚的地方。

那会儿韦应物憔悴得很，从前的横行无赖，如今的过街老鼠，二十年来如一梦，此时才如梦方醒。

韦应物望着元苹，心中一阵阵的酸楚。他沉默了片刻，忽然说："这些年我对不起你，你家中显赫，何必跟我落魄江湖？"

元苹只淡淡地看着他，那双秋水般的眼眸没有一丝涟漪，她平静道："我认识的韦应物，是急人之难时赴汤蹈火、不顾一切的韦应物，难道没了陛下庇护，没了侍卫身份，他就不再是我认识的那个人了吗？如果是这样，那我走。"

从这双眼睛里，韦应物又照见了从前。

那些荒唐的江湖时光里，终究还是能打捞起几钱热血。

韦应物撑起身子，对娘子摇头说："我不会走的，但娘子你也不必走，我身上还有太学的名额，我要入太学，我去读书。"

他又挤出笑来，泪水终于从眼角滑落，他说："这些年你跟着我这样的人，真是辛苦你了。"

元苹也笑，一边笑一边哭说："没事，路总是我自己选的。"

只是二十年浪荡，要怎么读书，怎么刻苦，怎么应对长安城里其他人的冷眼与嘲笑，才能读出一片新的天地呢？

人们说慷慨就义易，从容赴死难。

其实赴汤蹈火闯荡江湖也容易，但一寸寸地用功，一天天地刻苦，看不到未来，也没有立竿见影的效果，从容坚持，才是最难的。

从那以后，韦应物折节读书。曾经大鱼大肉，如今少食寡欲；过往四处浪荡，如今安守家中。

焚香扫地，坐而读书。

这样的日子过了几年，当家中积蓄消耗许多时，韦应物出山了。

京城中的浪荡儿消失无踪，韦应物摇身一变，成了饱读诗书的大儒。他找到老杨，凭曾经的家世找到朝廷里的名宿，请他们给自己一个机会。

名宿当然也听过他的大名，笑了笑说："怎么，再举荐你去当御前侍卫？"

韦应物摇摇头说："我有满腹诗书，但请先生一观。"

那天名宿问政谈文，韦应物对答如流，惊掉了名宿的下巴。他说："这才几年啊，江山遍地烽烟，长安局面纷乱无休止，你是怎么读书的？"

韦应物想了很多，最终只道："我有红袖添香，自能静心凝神。"

名宿一笑三叹，举荐韦应物当上洛阳丞。

只是韦应物身上的豪侠气，终究没这么快被削掉。彼时天下还不太平，韦应物在任期间除了关心民生，目睹乱兵残害百姓时，还是忍不住出手抓了兵头子，乱刀砍死。

那年头，是兵就有人用，韦应物砍了别人的兵，自然被人诉讼免官。

回家之后，韦应物又有点不好意思，读书这么多年好不容易熬出来做官，没几天就被免了。

韦应物挠挠头说："对不起啊娘子，可能是我读书读得有点迂了。"

元苹笑着安慰他，说："这不就是急人之难的韦应物吗？以后你放手去做，家里还有我呢。"

那些年是韦应物最开心的时光，与元苹十年恩爱，其间朝廷重新征召他，他也带着家人赴任。

他们有一个女儿，聪慧得很，娘子亲自教她《千字文》，学得很快。

偶尔夏夜乘凉，娘子也会娇俏调皮，轻轻拍着凉席，说："今天这席子好凉快啊，夫君你要不要早些来试试呀？"

"那是试试凉席吗？你那是馋我的身子，呸。"

元苹一头雾水。

韦应物嘿嘿直笑。

晨起之后，韦应物就来帮娘子描眉，胭脂水粉的位置，韦应物跟元苹一样清楚。

无论是元苹还是韦应物，都以为这样的时光可以一直延续下去。浪子回头，夫妻恩爱，乱世烽烟里度过平静而问心无愧的一生。

多好的故事啊。

可惜天妒英才，向来也妒这么好的故事。

恩爱十年后，元苹生了一场大病，就此病逝人间。

那段时间是韦应物最难熬的日子，比玄宗南逃、京城里万人唾骂，不知要难熬多少。

他亲自给妻子写了墓志铭，写了几十首悼亡诗，像老婆婆一样唠叨半天。他说："我原本没想这么矫情的，我也知道你想让我过得好，别这么容易伤心，但没办法啊，我本来已经决定继续生活，但总能见到惊心动魄的旧物，家中的首饰、香粉都还在原处，双人被却只剩我一个主人了。你小女儿笨的哟，还不知道什么是死，前几天跑到庭院里找我玩，问她母亲什么时候回来……你知道吧，她问你什么时候回来，她想背《千字文》给你听呢。你怎么就不回来了呢？其实你的东西我都拿走了，后来换季的时候我收拾家里，夏末秋凉，又突然看见你的那把小扇。这玩意儿我怎么忘了收呢？它就像一支伏兵，忽然凿穿我的层层盔甲，插进我的心脏。元苹啊，你又赢了一局。当然把胜负怪在伏兵上，是我嘴硬了。我有时闲坐，什么旧物都没有，还是会突然想起你，看见外边春草丛生，对此伤心人，还如旧时绿。娘子，你说我是不是该铲平了它呢？"

那段日子，韦应物终究是熬了过去，或许也不是熬过去了，他只是习惯了，习惯在生活的方方面面，见到一个虚无的影子。

元苹会莫名其妙出现在他生活里的这件事，他不仅习惯，还很坦然。

所以他拖儿带女,继续活着。

韦应物也开始有了新的朋友,与他们诗词唱和,往来都带着淡淡的笑意。

笑意背后是韦应物一闪念的从前。他想,是啊,我写的诗很好,元苹你肯定知道,我刚学会写诗的时候就很好,你眼睛里都是光,一把抱住我,说夫君是李太白那般的天才啊。

如今快伤神成杜陵野老了。

韦应物笑了一下,写完诗又举杯饮酒。

有次与朋友相聚,酒酣耳热说文章,韦应物提笔又想起亡妻,但朋友们都在,要写些关于相聚、关于他们的诗,于是万般思绪,挥毫落纸,竟然还十分应景。

所谓:浮云一别后,流水十年间。

广为传唱,诵为名句。

其实那么多首诗,有多少诗韦应物写的时候会想起元苹,想来他自己也记不清了。那年碰到洛阳的旧友李主簿,他沧桑白发,开口成诗。

结茅临古渡,卧见长淮流。

窗里人将老,门前树已秋。

寒山独过雁,暮雨远来舟。

日夕逢归客,那能忘旧游。

从大字不识到写诗名扬天下，这些过往只有元苹一个人陪他走过，那些岁月那个人，又如何能忘？

如今元苹已经不在了，韦应物就只好饮酒，就只能饮酒。

我有一瓢酒，可以慰风尘。

这首时隔千百年又在网络上掀起风波的诗，正是韦应物的手笔，只是纵使千百年多少人为之赞叹，在韦应物自己的目光里……可怜白雪曲，何处觅知音？

没有元苹的年月里，韦应物在官场上几经沉浮，路经与元苹生活过的旧居，往后的日子连唱和诗都少了，连写一年的悼亡诗。

所谓：山河不可望，存没意多违。

所谓：永绝携手欢，空存旧行迹。

正是伤多人自老，韦应物也就在一年年的伤神里日渐老去，能开解他愁绪的，也无非是寄情于佛道。

故知本无而生，中妄有情。今复归本，我何以惊。

无心功名的韦应物很快成了文士与道士的好友。或许是躲避尘世已成了他的习惯，他的诗也跟他的人一样，后世称：陶渊明、韦苏州之诗，寂寞枯槁，如丛兰幽桂，宜于山林而不可置于朝廷之上。

那年韦应物到山中访友，未至，提笔写诗。

今朝郡斋冷，忽念山中客。

涧底束荆薪,归来煮白石。

欲持一瓢酒,远慰风雨夕。

落叶满空山,何处寻行迹。

此时此刻,一种淡淡的怅惘与空灵的淡泊,是韦应物对自己这一生的交代。

韦应物年迈时,在苏州刺史任上病退,这些年为官清廉,没法子赶路回长安,只能闲居在佛寺里。

那天他又遇到老杨,那个曾经在他放浪形骸时劝他浪子回头的老杨。老杨揉揉眼,哈哈大笑,说原来那个诗名遍天下的人,当真是你!

韦应物笑着说:"不然还有同名同姓之人吗?"

老杨喜不自胜,拉着韦应物要喝上几杯。韦应物笑着摆摆手,说:"晚年多病,戒了。"

老杨一怔,继而笑道:"戒了好,戒了好。"

那天韦应物与老杨聊了很久,老杨极其推崇他在滁州写的一首诗:

独怜幽草涧边生,上有黄鹂深树鸣。

春潮带雨晚来急,野渡无人舟自横。

老杨一脸沉痛,说韦应物啊韦应物,我比你多读二十年书,怎么就写不出这样的诗呢?

独怜幽草涧边生,野渡无人舟自横。

我想乘舟远去,我也真切登上过那艘拯救我的船,只可惜如今的渡口再无人烟了。

姑苏城的山水日月映衬着韦应物,他最终什么都没说,只淡淡一笑,为故人写了首诗。

少事武皇帝,无赖恃恩私。身作里中横,家藏亡命儿。
朝持樗蒲局,暮窃东邻姬。司隶不敢捕,立在白玉墀。
骊山风雪夜,长杨羽猎时。一字都不识,饮酒肆顽痴。
武皇升仙去,憔悴被人欺。读书事已晚,把笔学题诗。
两府始收迹,南宫谬见推。非才果不容,出守抚惸嫠。
忽逢杨开府,论旧涕俱垂。坐客何由识,唯有故人知。

几年后,韦应物病逝苏州,那个曾经的京城纨绔,曾经的诗文名家,就此作古。

多年后,韦应物如愿以偿,与夫人合葬。

黄泉路远,希望能追得上他早去的亡妻。

【君埋泉下泥销骨，我寄人间雪满头】

　　从前有一个书生，自幼刻苦读书，刻苦到什么程度呢?看书总要把手肘撑在桌上吧?这书生日复一日，能把手肘都给磨破。

　　而读书也是真的在读，读到口舌生疮，犹不停歇。

　　这书生还有个朋友，朋友比他更惨，小小年纪没了父亲，只有母亲拉扯他长大，同一个屋檐下还有两个同父异母的哥哥冷嘲热讽。

　　朋友咬牙读书，昼夜不息。

　　还是那句话，虽说天赋很多时候比努力更有用，但你努力到这种程度，足以让你能踮起脚看看这个天下。

　　凡事最怕玩命。

　　更不必说这两个玩命读书的书生，也是真的有天赋。

　　朋友十五岁时，中明经科进士，从此昂首挺胸，照料母亲，再不必看两个兄长的脸色。

而书生十七岁时，凭一篇命题作文名动天下。他拿着诗集去长安闯荡，长安城里的大人物见到书生的名字，本还在打趣他，说："最近米价又涨了，居也不易。"

然后就见到了他那篇短时间内做出的应试作文。

　　　　离离原上草，一岁一枯荣。野火烧不尽，春风吹又生。

大人物拍案叫绝，说："有语如此，居也容易！"

这位书生当然就是白居易，而白居易的朋友，自然就是元稹。

只是这两人一个明经及第，一个名动天下，却都没什么太大的用处。明经出身的人没啥好出路，还要再通过朝廷的制科考试，白居易呢，不想走后门让人举荐当官，同样也要考。

就这样，两个备考的人在长安相遇了。

两个学霸的备考方式很简单，就是刷题。

把历年的题都刷了，还觉得不够，这两人就自己出模拟卷，然后自己答题，完事互相给对方批改。

这个过程中，两人是越看越对眼，我觉得你人间最孤高，你眼里的我天下最逍遥。

反正就是一个"好"字。

那些天这两人一起备考，阳光正好，偶尔四目相对，也会忽然心中一动。白居易觉得元稹的笔好，元稹觉得白居易的墨香，两人也不客气，就互相拿过来玩儿。

两只手交错在半空的时候，两人怔了一怔，又齐声大笑。

两个学霸的备考很快有了收获，元稹高中制科考试第一名，而白居易则在高中之余，把学习笔记卖给了书社，挣了一大笔银子。

元稹一头雾水。

之后就是两人优哉游哉的长安时光了。这两人如胶似漆，每次牡丹花开时，白居易就会跳到元稹面前，说："元九！走啊走啊，我们去看花吧。"

元稹："好呀好呀好呀。"

"贞元中，与微之同登科第，俱授秘书省校书郎，始相识也。"

"崇敬寺牡丹，花时多与微之有期。"

及后一起工作，"相顾辄笑"。

这段文字是很久之后，白居易怀念这段时光所写的。随后他写了首诗，在这首诗的最后，或许是太久不见微之，比较愁苦。

白居易写："此日空搔首，何人共解颐。病多知夜永，年长觉秋悲。不饮长如醉，加餐亦似饥。狂吟一千字，因使寄微之。"

白居易写了首千字长诗，怀念他俩一起在长安的美好岁月，倾诉别离后的相思之苦。

什么叫曾经沧海难为水，这才叫曾经沧海难为水。

至于两人被授官分离之后，又发生了什么，那当然也是各自有各自的缘法。

白居易到了县里，负责征收捐税，当他走进田间地头，见到五月酷暑，百姓还在田里耕作，不禁为之泪下，写了著名长诗《观刈麦》。

足蒸暑土气，背灼炎天光。

力尽不知热，但惜夏日长。

今我何功德，曾不事农桑。

吏禄三百石，岁晏有余粮。

白居易咬咬牙，掉头就去跟上司探讨捐税之事，务求减轻一县之民的困苦。

回京之后则反复上奏，请求降低赋税，放出宫人，禁止掳掠买卖良家子，争了两年，四处交游，终于让朝廷允了他的折子。

白居易长舒口气，这会儿他才觉得自己勉强对得起脑海中的辛劳百姓。

这一年，是元和四年。

元和四年，春。

那年元稹任监察御史，风骨凛然，受命去查泸州监官任敬仲的贪污案。

这当然是个小案子，离开长安的时候白居易去送他。清明刚过，暮春时节，陈年的西北风吹过十里亭，酒杯里映出桃李色。

老白写诗给元稹，感慨地说："官家事拘束，安得携手期。

愿为云与雨,会合天之垂。"

愿为云与雨,啧啧。

元稹就盯着白居易笑,说:"放心吧,长安有圣人,长安也有知己,我会早去早回,跟你一起同游曲江。"

三巡酒罢,元稹打马上路。

以这两人的交情,反正元稹没走几天就开始想老白。

或许是念念不忘必有回响,在骆口驿的时候,元稹往墙上定睛一瞧,还真发现了白居易的诗。

这一番激动啊,心情澎湃,心潮涌起,哗啦啦就涌成了一首相思之诗。

所谓"尽日无人共言语,不离墙下至行时"。

元稹就杵在那看诗,孤零零的,没人言语,也痴痴看到不得不启程。

这事传到白居易耳中,白居易当然也特别感动。

反手就又回了一首。

拙诗在壁无人爱,鸟污苔侵文字残。

唯有多情元侍御,绣衣不惜拂尘看。

你品,你细品。

这感动之中透着的一股子骄傲劲儿。

啧啧。

后来还有个更广为人知的元白梗。

还是这条路上。

元稹在某个夜里，忽然梦到与白居易，以及其他的路人好友，一起共游曲江。

醒来怅然若失，写诗说"忽惊身在古梁州"。

无独有偶，那会儿白居易真的在跟朋友一起在曲江浪！

而且白居易也是一边浪一边想起了元稹，还给元稹写诗：忽忆故人天际去，计程今日到梁州。

啧，所谓梦交。

多少年后，这两人还是没改梦交的习惯。一个说我今因病魂颠倒，唯梦闲人不梦君；一个更傲娇些，不说自己想你了，非说是你想我了，害我梦见你：

不知忆我因何事，昨夜三更梦见君。

啧，元白之好。

总之，元和四年，元稹入蜀的这一路，就是游山玩水想老白的一路。

而当抵达剑南东川的时候，元稹才发现事情不简单。

这里的百姓面有饥色，见到朝廷的人马，眼神里除了木然就是惊恐。元稹挑了挑眉，心想，白乐天，恐怕我要晚些日子才能回去了。

李白
与尔同销万古愁

丁莘饮 绘

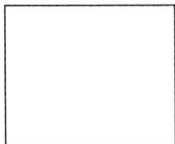

这时的元稹三十一岁，意气风发与沉稳有度并存，他决心要查清当地潜藏的冤情。

泸州刺史刘文冀亲自接待的元稹。

刘文冀笑呵呵地，请元稹吃饭，席间多有暗示，要拉拢这位新晋的监察御史。

元稹也笑呵呵地说："其实大家都为圣人效力，总有京城相见的时候，何必急于一时呢？"

刘文冀说："此一时，彼一时也。现在您既然来了，我当然要好好招待。"

于是这一路上，刘文冀的人始终陪同，全然没给元稹调查其他事务的时间。

至于任敬仲案，刘文冀早把重重的证据摆得清清楚楚，只等元稹点头，他就可以交差回京了。

如果元稹乐意，还能多收些额外的孝敬。

这应该是当时的基本操作。

元稹没按套路出牌。

元稹也老神在在，既然刘文冀不让自己查，那就不查。

反正总有一个人乐意告诉自己。

那人当然就是任敬仲。

元稹在审任敬仲的时候，撬开了他的口，出去见刘文冀的时候已经是满脸笑意。身边的办案人员马文亮同学，施施然提着任敬仲的口供。

"怎么本官听着,剑南道上贪赃的,不止他任敬仲一人啊?"

随后也不管刘文冀反应,面色一沉,甩开步子就开始拼速度。

只要速度慢些,看刘文冀这副样子,多半就能跟整个东川道的官员串通一气,什么证据都拿不到了。

从任敬仲嘴里得到的消息,正是前东川节度使严砺巧立名目,大肆掳掠钱粮,还抄了不少百姓的家。

而整个东川,几州刺史,要么是沆瀣一气,要么是视若无睹。

当天,马元亮等办案人员拿着任敬仲的口供,逼退一直围在身边的泸州官员,迅速查实严砺吞没百姓家产八十八家之事。

而元稹则开始钓鱼。

严砺征收税款,中饱私囊,当然是要巧立名目的。

其中有一条,就是绵州、剑州的税收不够用,要加增梓州、遂州。

元稹既然来了剑南道,来之前对这里的种种数据当然有所记忆,剑州、绵州前两年绝不缺粮,于是咔咔一顿数据爆出去。

最后诘问绵州、剑州的刺史,为何会税收不够,难不成是有人侵吞公款?

这两封信递出去,绵州、剑州的刺史回信,纷纷表示自己这边从来都是准额征收税款,正正好好,从没少交。

元稹满意地拍拍回信,成了!严砺这狗东西巧立名目的证据有了。

之后元稹又展现了强大的数据整合能力。

写的那封奏折,把下面各个刺史判官的名字、所征收的钱粮数目一一对应列出。

完事给出结论:这群人绝对知道严砺在中饱私囊,也绝对有人跟着一起贪赃枉法!

西南吏治,恶劣如此!

毕竟严家已经坐镇东川两代,如果再加上与严家交好的鲜于家,更是从玄宗时期开始,就一直掌控着剑南东川。

这里是大唐的领土,可节度使都快成当地大豪世袭罔替了。

元稹的到来,就是要在这样遮天蔽日的掌控之中,捅出一个窟窿。

那些日子里,这些信件往来的路上,查案的过程里,被吞没产业,被卖去为奴为婢的八十八家百姓……

不知又有多少可歌可泣的故事。

最终,元稹的调查,以及这封奏折,还是递到了长安。

只是这时严砺已经死了,严家在长安同样还有利益共同体,那些年贪污的银两,早就盘根错节,成为一张无可撼动的利益网。

除了严砺的身后名受损,严家甚至没什么损失。

而元稹所查的三名东川判官、剑南十二州刺史联手贪污，更是只罚俸三月，大事化小。

或许唯一值得庆幸的，就是那些严砺吞没的家产被还了回去，为奴为婢的人重获新生，曾经被剥削的百姓得到了些许补偿。

回到长安的元稹再次与白居易举杯共饮，不免有些惆怅。

元稹说："我知道，我这监察御史，恐怕当不长了。"

白居易难得豪迈，说："当不长又如何，万代青史，你都是真御史！"

元稹也跟着笑起来，两人又约着去曲江同游。

果然，不久之后元稹被贬去洛阳，离开了京城。

离开京城之后，元稹同样不安分。有浙右帅打死县令，县令之子不敢诉；有人藏匿杀人凶手，苦主不敢捕，元稹统统敢查、敢报。

这期间，他的妻子还去世了。

　　　　曾经沧海难为水，除却巫山不是云。

　　　　唯将终夜长开眼，报答平生未展眉。

贫贱夫妻百事哀。

这是元稹悼念他妻子的诗。

或许是失去妻子之后更无所顾忌，他连宦官——内园司的案子也敢管，奏内园司越过律法直接抓人，要他们给个说法。

元和四年,三十一岁的元稹,真是光芒万丈啊。

只可惜中晚唐的世道,容不下这样光芒万丈的人。

中晚唐两大boss(老板),边镇跟宦官,都被他给捅了两刀。

元和五年,在元稹归京途中投宿驿站的时候,宦官仇士良、刘士元等与之争执,并将元稹一顿鞭打,打得他头破血流。

此后,天子以元稹失了体面,把他给贬官了。

白居易连上三封奏折要救元稹,说:"元稹是一把锋利的刀,陛下不可让这把刀轻易折损,不然边镇嚣张,谁还制之?"

奈何天子不听。

还是贬了元稹。

只是或许因为白居易的奏折,天子也没给边镇好脸色,去年元稹在东川一封奏折揭露的十二州刺史,开始被天子清算。

——被贬官去边陲,从刺史变成了县尉。

长安城外,又是一场别离。

再锋利的刀,在这样的时局里,也不过是一把生锈的废铁。

那年,元稹开始想往上爬。

那年,白居易开始对仕途失望。

那年两人倾尽杯中酒,永远记得三十一岁,傲骨凛然的元微之。

之后的几年里,元稹颠沛流离,白居易为母亲服丧,暂时归隐田园,一直到元和十年,两人终于相聚。

那会儿朝局动荡,党争激烈,又赶上讨伐藩镇的局势,一大批人回到了京城。

比如此前因为改革被贬的刘禹锡、柳宗元，又比如被贬官数年的元稹。

这一次两人相逢，喜悦从心底滋生出来。

这两人见了面，自然是你一杯我一杯，互相劝酒饮醉。

元稹就开始写诗。

> 美人醉灯下，左右流横波。
>
> 王孙醉床上，颠倒眠绮罗。
>
> 君今劝我醉，劝醉意如何。

君今劝我醉，劝醉意如何，啧啧。

没眼看，没眼看。

只可惜这种好日子也并没有过多久，朝廷要讨伐藩镇，藩镇当然也会反抗。藩镇直接派高手进京刺杀，当街杀了一朝宰相！

于是朝廷上人人生畏，元稹这种高举旗帜要打藩镇的自然会被远远排挤出京。

没错，元稹又被贬了。

之前一起回来的刘禹锡跟柳宗元也被贬了，当然这两人跟元稹不是一回事，这两人是参与革新。

后来他们的老大死了，人亡政息，这两人就被赶出了朝廷。

刘禹锡就是那次被贬后，人还年轻，写了"自古逢秋悲寂寥，我言秋日胜春朝"。当这次回来时特潇洒，他说："你看看如今朝廷里这些人吧，嘿嘿，尽是刘郎去后栽。"

如今刘郎回来了，你们就该退避三舍了。

成吧，刘禹锡"我言秋日胜春朝"的时候，也没想到那只是一个开始，自己将会被弃不用长达二十三年。

刘郎回来了，刘郎太跳了，当务之急没空改革，当今天子跟丞相都看他们这伙人不顺眼，回头又给丢出去了。

还丢得特偏远。

柳宗元叹了口气，上书说："刘禹锡他母亲年纪大了，要跟着去他被贬的所在，恐怕有性命之忧；如果不去，我又怕刘禹锡不能与他母亲诀别。"

所以，柳宗元申请说："愿与刘禹锡替换贬所，自己去山林瘴气中治民。"

这就很令人动容。

御史中丞给他们说情，最终柳宗元去了柳州，刘禹锡去了连州，总之是环境稍好一些了。

巴山楚水凄凉地，二十三年弃置身。

柳宗元在柳州的《捕蛇者说》，都是这之后的故事。

而元和十年的大型被贬连续剧还没完，白居易也没什么好下场。人人生畏的时候，白居易还跳出来，要朝廷严加追查凶手，结果就被群起攻之。

群起攻之，还找不到白居易的罪名，于是又拿他的诗来说事。

前几年白居易的母亲死了，有人说是看花坠井而亡，都看花坠井了，你白居易还写咏花之诗是几个意思，你不孝啊！

遂以不孝之罪，被贬江州司马。

病中的元稹听到了白居易被贬江州的消息，正是：残灯无焰影幢幢，此夕闻君谪九江。

元稹遂写："垂死病中惊坐起，暗风吹雨入寒窗。"

心底拔凉拔凉的。

这白居易能干吗？肯定不能说："你就好好养病，我到江州也挺好的，还写《琵琶行》。你看《琵琶行》写得是不是比你好，哈哈哈哈哈哈哈。"

类似的书信往来，总之就是两人相互扶持，互相打气。

只是吧，这两人的来往情感，着实有点过于细腻了……

白居易的书信到了元稹这边，元稹的妻子就一脸蒙。

她看见自己丈夫捧着书信，默然流泪。

这什么情况，没见过啊！

半响才反应过来，妻子挥手对儿女们说："散了吧散了吧，这是他家白居易来信了。"

> 远信入门先有泪，妻惊女哭问何如。
>
> 寻常不省曾如此，应是江州司马书。

又比如有次元稹给白居易寄了件衣服,白居易收到之后那肯定很高兴。元稹还又写了首诗,这让他更加地高兴。

元稹说:"这件衣服的腰带想必瘦小了些,也不知等寄到之后,寒热是否合适。"

无论如何,我都能想象到你穿着这件衣服踏马在青草地上,贼好看。

"春草绿茸云色白,想君骑马好仪容。"

白居易说:"喜欢了!"

而有的时候呢,白居易也会给元稹寄些东西。元稹多病,白居易就给他寄药。

元稹当然要回信写诗,噼啪一顿夸奖,说:"这药简直神了,和天君下凡赐给我的也差不多,百病全消啊!"

只有一样治不了。

唯有思君治不得,膏销雪尽意还生。

情话满分。

两人要是重逢,那就更开心了。

疯狂互吹,都觉得彼此是天下第一,就像是一个说他是我唯一愿意承认才华横溢的人,一个说我愿意为他写同人。

放在表现形式上,那就两人互相疯狂题诗。

题对方的诗。

君写我诗盈寺壁，我题君句满屏风。

与君相遇知何处，两叶浮萍大海中。

而离别时，两人也往往要一场大醉，才能借着酒意把对方送走，不然舍不得。

"行到城门残酒醒，万重离恨一时来。"

孤寂时，就拿出元稹的诗读一读："把君诗卷灯前读，诗尽灯残天未明。"

开心时，就写诗调戏下元稹："一篇长恨有风情，十首秦吟近正声。"

写了好诗，开开心心，还说自己写诗难啊，"每被老元偷格律"，说的就是你元微之。

这首诗叫《戏赠元九、李二十》。

至于平时，早春晚春寄微之，感秋怀寄微之，一年四季怕是就没有不想微之的时候。

某天，白居易对元稹说，昔日在朝的时候，我们都说要早点儿退休，如今十年过去了，你我各自流落，想要追寻前约，未曾渺无踪迹，再结后期，盼可携手同归。

官情君早厌，世事我深知。常于荣显日，已约林泉期，况今各流落，身病齿发衰。不作卧云计，携手欲何之？

待君嫁女后，及我官满时。稍无骨肉累，粗有渔樵资。

156

岁晚青山路,白首期同归。

多好。

平平淡淡,待世事沉浮定后,你就跟我走吧。

归隐山林,再图从前长安乐。

只可惜还没归隐山林,两人在皇位更迭,纷纷被召回朝中之后,就出现了一道罕见的裂痕。

大唐长庆二年,白居易决定再一次牺牲自己的政治前途,对已经贬官的元稹落井下石。

六月的长安,四处皆有蝉鸣,把白居易拉进往事的走马灯中。

白居易又想起自己初识元稹的时候。

那时他们刚刚高中,同一年在朝为官,都想着大展拳脚,把大唐变回原来的样子。

他们抨击权贵,他们谏言藩镇,他们先后被贬。

离开长安之后,他们在诗文里遥遥相望,你说我人间最正直,我说你红尘才最高。

然后哈哈大笑,结为一生挚友。

时人称之元白,如胶似漆。

可惜就连长安城都可以变,人又如何能不变呢?

他抬头望向窗外,长安城里还是人来人往,却早没了盛唐时的气象。

白居易叹了口气，前几日他去找过元稹，二人大吵了一架，头一次不欢而散。

当夜寒星高悬，走出宰相府的一瞬间，白居易的心中突然一揪，他想：这不会也是我与微之的最后一次相会吧？

长庆二年，不是个好年头，白居易这样想。

彼时的天子很喜欢元稹的诗文，提拔元稹入朝，又喜元稹身负政才，一心让元稹拜相。

这时的大唐，宦官当道，元稹作为新晋的天子宠臣，宦官没道理不去结交他。

那些夜里，元稹辗转反侧，他也曾上过奏折痛骂干政的宦官，更受过宦官的欺辱。

只是如今难得有机会一展抱负，始终不结交任何宦官，可能吗？

元稹还想了许多，他还想自己是凭诗文入了天子的眼，说是宠臣，更似近臣。

元稹闭上眼，眼前似乎就浮现出很久以后的史书里，把自己描摹成一个邀宠的小人。

他睁开眼，长长吐气，在暗夜中对自己说："我定要立功，让大唐欣欣向荣。"

于是元稹结交宦官，整顿吏治，揭发科考舞弊。

那些年天下不太平，北边的藩镇作乱，曾经主持平定过淮西叛乱的名臣裴度，再次领兵出击。

时人以为,当裴度立功而回,必定再度拜相。

当然,不想让裴度拜相的人有很多,看不惯元稹的人也不少。这二人一个有功,一个有圣眷,要动他们,只能让他们互相攻讦。

这个计划被一个叫李逢吉的政治高手操盘,完美地实现了。

面对北方的叛乱,元稹提出离间计,离间几个匪首,于是向北派出密谍。

长安的阴暗处,李逢吉正缓缓磨墨,字字斟酌,告诉裴度,元稹派去的人,其实是要杀你的。

裴度曾经遭遇过刺杀。那年被藩镇当街刺死的宰相,正是一路提携他的武元衡,所以他最看不得此事。

更何况,元稹结交宦官,而宦官几次三番阻止自己的军报奏章,裴度很难相信其中没有元稹的手笔。

至于元稹会不会为了相位真的不顾大局,来刺杀自己,裴度还在怀疑。

而李逢吉直接在朝中状告了元稹意图行刺的事。

这个案子查无实据,当然不了了之。

只是李逢吉退回暗中,已经笑了起来,裴度与元稹的矛盾已经公开,那朝中就该有人站队了。

人在江湖,都是被推着走的。

裴度上表,希望严惩阻碍言路的宦官,句里话外,都在说阻碍言路的其实就有元稹。

元稹也开始上表，说："裴度师久无功，空耗钱粮，该让他回朝了。"

几番折腾之下，元稹被责，裴度无功而返，北方的局势一片糜烂。

白居易去找过元稹，相府恢宏阔气，白居易面对着几十年的老友，叹息说："何至于此啊！"

元稹端着酒杯说："常年远征，军粮供应不足，裴度既然不能速战速决，班师是应有之义。"

白居易皱起眉说："那也不必向叛军求和啊。叛军杀了朝廷官员，还杀了投靠了朝廷的节度使，此例一开，无辜者枉死，尸骨无存，未来也不会再有藩镇改邪归正了。"

元稹放下酒杯，咚的一声闷响。

白居易的话戛然而止，他抬头看着元稹，相府一时间只能听到蝉鸣。

须臾，元稹才说："乐天不居其位，故能畅所欲言。再打下去，国库空虚，倘若前军再败，你考虑过后果没有？"

白居易站起来，凝望元稹，半晌才说："当初你我想恢复的那个大唐，不会做如此想！"

元稹也站起来说："大唐早不是那个大唐了！"

二人对视，蝉鸣高柳，黄昏晚霞，斜照残酒。

元稹深吸口气，痛心疾首地望着白居易，说："你又了解裴度多少？曾经我也给他上过表功的折子，淮西平叛确是当世大功，但前些年的科考舞弊案你也应该知道，主持科考的正是他的人。"

元稹说："我本以为，就算没人支持我，你也该支持我的。"

白居易更加心痛，他说："微之啊，什么叫他的人、你的人，朝堂之中，派系何时如此分明了？你以党争眼光看裴度，他何尝不是以派系眼光看你？你以为他与奸臣结交，必定搅乱科考，他以为你结识宦官必定阻碍言路，国之大事，都误在这里了！"

元稹激动起来，说："我又何时误了国事？裴度退兵是应有之义，为虑胜先虑败是错的不成？白乐天你口口声声说以往，你又何时想过要上位，要立功？这世上你想做事，就不可能干净！"

这天黄昏，二人谁都说服不了谁，相府的下人隔着很远，看自家老爷跟他的老友激烈争论。

最终天暗下来，白居易拂袖离去。

几日后，裴度与元稹同时被贬，只有李逢吉哈哈大笑，终于可只手遮天了。

长安六月的清晨，白居易决定再一次牺牲自己的政治前途，对元稹落井下石。

为救回曾经力挽狂澜、一度中兴大唐的名臣裴度。

那日早朝，李逢吉面无表情地看着白居易出列，上书，名曰《谏请不用奸臣表》。

白居易说："臣素与元稹至交，不欲发明，伏以大臣沉屈，不利于国，方断往日之交，以存国章之政。"

元白之交，大唐无人不知，李逢吉怎么也没想到，会是白居易跳出来，要断交保裴度。

影响太大，天子也只能将裴度叫回来，任尚书左仆射。裴度在朝，李逢吉就还是要躲在阴暗处。

除了再设计一番，将白居易贬出朝廷报复，也没有更好的法子了。

报复白居易是很简单的，白居易自己也想得到。天子仍然喜欢元稹，自己上书的时候，就已经做好了被贬的准备。

这一次，自己又与元稹先后被贬了。

当初你我被贬时，相隔万里诗文传笑，如今呢？

当然，白居易的那封奏折也有人说是伪作。当时白居易并没有身居台谏，跟奏折内容对不上，两人并没有这么激烈的冲突。

只是有些难以出口的小矛盾。

总之长庆二年，元白再无唱和诗。

欲买桂花同载酒，终不似，少年游。

好在，元白的故事不可能定格在断交上，他们被贬的地方相邻。

事过一年之后，元稹去找白居易了。

白居易开门宴客，人群中又见到了那个熟悉的身影。而分别仅一年，元稹就已经苍老太多。

白居易心中一痛，想问问你这是怎么回事，你是不是又发病了，却又难以开口。

席间,宾客们笑着说要作诗,说:"元白在此,焉能不作诗?"

有人戳了戳这位宾客,他才豁然想起,即使元白之好,也是有矛盾的。

宴席一时冷了下来,众人面面相觑,最终还是元稹轻咳了一声,隔着几个人,对白居易笑。

元稹苍老的声音传出来,试探地问:"那我先写吧。"

白居易说:"好,微之,你写。"

元稹题诗,尾句曰:垂老相逢渐难别,白头期限各无多。

暮气沉沉,万事成空。

白居易被这句诗刺进心里,他忽然起身,落泪握住元稹的手,万语千言,哽在咽喉。

他只有写诗,他写《席上答微之》:富贵无人劝君酒,今宵为我尽杯中。

元稹也哭,说:"好,今朝为君尽杯中。"

仰首,过往所有一言难尽,一饮而尽。

于是那一对令大唐羡慕的元白又回来了,几天后,白居易送元稹上船,又给他写诗。

烛下尊前一分手,舟中岸上两回头。

归来虚白堂中梦,合眼先应到越州。

你我分离后,都老大不小了,该走就走吧,怎么还是一步两

163

步回首?终于彻底见不到你了,我回家补点觉,想来一闭上眼,又随你回到了越州吧。

即便有过坎坷波折,多年后老友重逢,一杯酒里装满了往事,饮下皆化作深情。这样的深情,一直持续到元稹死后许多年。

元稹终究还是带着一生的遗憾,难以实现的抱负,起起伏伏,死于武昌军节度使任上。

白居易亲笔为他写了墓志铭。

《佛经》云:"凡有业结,无非因集。"

与公缘会,岂是偶然?

多生以来,几离几合,既有今别,宁无后期?公虽不归,我应继往,安有形去而影在,皮亡而毛存者乎?呜呼微之!

那些归隐山林的约定,如胶似漆的过往,都化作一笔笔的血泪。

那么多互诉衷肠的话,到最后涌出一句饱蘸血泪的诗。

君埋泉下泥销骨,我寄人间雪满头。

很多年后,以不孝为名排挤白居易出京的王涯身居高位,老白受够了朝廷里的纷纷扰扰,退隐洛阳。

他跑去洛阳香山寺修庙,把这份功德全数给了元稹。

呜呼!乘此功德,安知他劫不与微之结后缘于兹土乎?

因此行愿,安知他生不与微之复同游于兹寺乎?

那么多的君与我,都定格在了来生后世之中;那么多的梦与泪,都尽数付诸青史。

第三部分　大唐的姑娘

遇到他生命里的那个姐姐之前，太子向来都是乖巧的。

这位太子别的本事不突出，就靠一个乖巧的白莲花人设，在凶险的夺嫡之中胜出。他的哥哥对龙椅虎视眈眈，要么起兵，要么对喷，只有他老老实实，兄友弟恭。

所以他就成了太子。

太子行走在后宫之中，也经常见到父皇的妃子。

其实太子清楚，父皇特别喜欢母后，几乎可以说是独宠后宫，自己和哥哥们全是母后所生。就是母后去世，父皇也只宠爱一个性格、才情都与母后相似的徐妃。

对于徐妃是母后替身这事，太子是不认的。

因为太子见过徐妃，没觉出徐妃跟后宫里其他被冷落的妃子有什么不同。

这些女人承受着她们这个年纪不该承受的寂寞，这种寂寞足以逼疯任何一个人，把人变成痴痴的望夫石，又或者沉迷宫中角落里蝇头微利的争夺游戏。

徐妃也是一块望夫石。

太子觉得没意思。

所以当太子见到那位给他安排宫内宴饮的姐姐时，他的双眼一下就放出光来。

那位姐姐吩咐宫女布置筵席井井有条、一丝不苟，偶尔笑着给宫女打赏些银子，又有仗义疏财的风貌。

姐姐回眸时，目光跟太子碰了一下。

太子整个人就触电了，他像是在暮气沉沉的后宫里见到了一道明媚的刀光，那姑娘自信而洒脱，倜傥而不群。

太子问身边的人："那姐姐是谁啊？"

身边的太监都快吓死了，说："太子慎言，那不是姐姐，那是你小妈。"

太子一头雾水。

太监说："那是武才人，当了十二年的五品才人，陛下赐名唤作媚娘。"

太子这就了然了，笑意忍不住随着姑娘的名字浮上嘴角，他说："武媚娘啊……"

太监有点害怕，他说："太子您这是……"

太子没说什么，太子其实不喜欢自己后宅里那些姑娘，个个都表面温柔、娇娇软软，无论内心如何算计，到最后还是什么都听自己的。

那玩意儿,我跟你怎么谈情说爱呢? 我也就是偶尔馋馋身子罢了。

真要谈情说爱,就得是两个人势均力敌。

太子脸红起来,他想:那个武媚娘我好喜欢。

那场宴席散后,太子找到了武媚娘,笑着说:"才人留步,我过几日还想出宫游猎,是不是又要麻烦你了?"

武媚娘的眼睛眨了眨,她敏锐地发现太子没有自称本宫,用了个特别能贴近两人关系的"我"。

武媚娘在心里啐了一声,想:这狗男人胆子挺大啊。

她笑着回应说:"都是我该做的,太子客气了。"

太子报以羞涩一笑,心想呀,没拿范儿啊,我就说这样的姑娘怎么可能甘心一辈子消磨在寂寞深宫里。

我得帮她。

后来的日子里,武媚娘就经常发现太子出没在她的身边,问她宫中的琐事,问她父皇的身体,还问她关于家国大事的想法。

某天晚上,太子拎了一壶酒,武媚娘悄悄翻过假山,两人在无人处相会。

武媚娘见面就笑,说:"咱们这算不算幽会?"

太子笑得人畜无害,说:"这要算幽会,你就得算是秽乱宫闱,我就得被废幽囚,从此不见天日。"

武媚娘叹了口气说:"是呀,所以咱们这是何苦呢?"

太子举起酒壶笑着说："那姐姐，还喝吗？"

武媚娘忽地一笑，笑靥如花，说："喝呀，太子请的酒怎么能不喝呢？"

太子低低地笑，他们借着酒意聊了很久，武媚娘说自己小时候过得很惨，娘是名门之女，爹是从龙之臣，她自小就学琴棋书画。爹后宅里的其他人都奉承，说这是名门风范，然而自亲爹死后，哥哥继承了爵位，名门之女就不管用了，时过境迁，他们冷嘲热讽，说这跟青楼卖艺的又有什么区别？人人都排挤她们，打压她们，她们随时可能迎来一顿辱骂。

武媚娘不知何时靠在了太子的肩头，她说："我也不是没反抗过，我家里还有一位嫂嫂，处境跟我娘相似，我去请她帮我，她面上应了帮我，回头就在族老面前把我卖了，说我满腔怨怼之语。

"那天我被罚跪，我跪了很久，嫂嫂从我面前走过，我问她为什么，你猜她怎么说？"

太子的手也不知何时抚在了武媚娘肩头，他说："其实很多人是认命的，你嫂嫂多半觉得女人就该是这个处境，没了丈夫又没有儿子，就该备受欺凌，只能自怨自艾去认命，凭什么你和你娘还想着翻身？"

武媚娘怔了怔，太子那只手好像不仅搭在她肩头，也搭在她心里。

武媚娘低声说："但我不服。"

太子叹了口气说："我知道,我查过你是怎么进宫的,那年你十四岁,你娘哭成个泪人,你反而笑起来,你说你是去侍奉圣主,让你娘别哭了,然后你走得意气风发啊。"

武媚娘喃喃地说:"那我为什么意气风发呢?"

太子低头望着武媚娘的脸,他们的脸挨得很近,或许是因为酒意,或许是因为隐隐的悸动,武媚娘面若桃花。

太子吻了她一下,又迅速低下头,他道:"我原本以为你是开心于逃离老家,后来我才发现不对,我见过许多饱受欺凌的妃子,入宫之后她们习惯把自己的命运寄托在我父皇身上,当父皇没有宠爱她们时,她们就像是丢了魂魄。你没有,你的魂魄一直都在,你意气风发进宫,不是因为你想得到父皇的宠爱,而是因为终于有了掌控自己命运的机会。"

武媚娘闭眼,然后又忽然睁开。

她的眼角有盈盈泪水,她一笑如昙花骤放,她说:"我进宫十二年,受冷落了十二年,今日才见到我的圣主。"

太子说:"不怕秽乱宫闱,开刀问斩了?"

武媚娘嫣然一笑,说:"若不能与圣主厮守终身,开刀问斩又有什么可怕?"

太子想笑,又不敢笑得太大声,他指着武媚娘道:"你现在的模样真像我。"

武媚娘眨巴眨巴眼,说:"怎么了圣主弟弟,我哪里像你了?"

太子笑得更羞涩,像一只做了坏事的小狐狸,说:"我都告诉你了,我知道你没放弃过掌控自己的命运。你这十二年醉心宫中事务,赏罚得当,恩威并施,多少人都成了你的心腹,我都怀疑那天宴席的相遇,是你刻意布置的。"

武媚娘委委屈屈,说:"殿下喜欢臣妾,总不是臣妾能布置的;臣妾宁死也想跟殿下在一起,这般心意更不是臣妾能控制的。"

太子揉了揉武媚娘的脑袋,他自己靠在了武媚娘肩头,说:"我知道,我都知道,这段时间在父皇面前,我压力是真大呀,你可要好好安慰我。"

武媚娘给太子按着脑袋,她也看不清自己赌这一把的前路如何。

但至少此时此刻,她还笑得出来,也还愿意跟太子一起死。

深宫十二年啊,还从未有人能懂她的志向,把她的野心理解成魄力与坚持,把她的一切都看在眼底。

然后还冒着生命之危,来拥她入怀。

武媚娘想,那些被爱情冲昏头脑的小姑娘,连这样的爱情都没见过吧,真惨。

鬼知道那天晚上发生了什么,总之,太子与武媚娘的关系突飞猛进。

皇上的身体早已不算太好,一段时间后,这个传奇般的帝王病逝了,武媚娘作为后宫妃子被发配到感业寺出家。

武媚娘相信,太子一定会接她入宫。

只是武媚娘也没把希望全都寄托在太子的爱上,对于他们来说,爱情固然是真的,但爱情的力量往往不能影响一切。

而这一点,他们心知肚明。

太子去过感业寺,无论接不接回武媚娘,他总要给这个姐姐,或者说小妈一个交代。

然后他就见到了泪眼婆娑的武媚娘。

太子张了张嘴,想说姐姐别演,咱们之间用不着这个。

但他怔了片刻,只觉得嗓子里发干,眼眶里模模糊糊,他想:原来我也是真想她啊。

武媚娘送给太子一首诗:看朱成碧思纷纷,憔悴支离为忆君,不信比来长下泪,开箱验取石榴裙。

太子深吸口气,差点儿上头,当场就把武媚娘接回去。

然而太子没有,他只是半夜里悄悄去找武媚娘幽会了而已。

身边的太监惊呆了。

太监说:"我什么都不知道,不知道,不知道……"

武媚娘已经在房间里等了很久,他们或许有金风玉露一相逢,又或许没有那个时间,毕竟两人想的都是又岂在朝朝暮暮。

太子说:"你有什么想法没有?"

武媚娘说:"这不该是殿下……哦,不该是陛下为臣妾操心的吗？"

太子笑得羞涩说："姐姐长于深宫，总比弟弟有经验嘛。"

武媚娘倒吸一口凉气，这小太子都继位成皇帝了，怎么还一副人畜无害的小奶狗模样？

那武媚娘能怎么办呢？李治都说到这份儿上了，武媚娘只能自己开口提计划。

两人要商量的事其实很简单，就是如何让武媚娘回宫。这事不是李治点头就可以的，后宫要稳定，朝臣要不争，不然刚登基的皇上少不了一个荒淫无道的名头。

李治能来问武媚娘，表达一个支持的态度，已经是爱意深重。

武媚娘胸有成竹，如何对付后宫里的那些妃子，其实跟对付狗男人是一样的。那些人你不能上赶着去找他们，你要想办法让他们来请你。

只要后宫里有人来请，那武媚娘回宫也就顺理成章了。

至于朝臣，朝臣里面会争这点事的人，武媚娘用脚指头都能想出来有谁。无非是先皇留下的顾命大臣，那些顾命大臣从来没把李治放在眼里，那他们跳就跳吧。

武媚娘对李治说："我们大可以用这件事来处理掉他们。"

月明星稀，感业寺里虫声啾啾。

李治长舒口气，他轻抚武媚娘的长发，说："多亏有你，你放心，我这辈子都不会离开你。"

武媚娘很配合,靠过去温柔地笑,说:"陛下能来看我就够了。"

两人完善了计划,后宫里的王皇后一直没有子嗣,正被萧淑妃压得抬不起头来,只要李治回宫之后多宠宠萧淑妃,王皇后肯定就要疯了。

王皇后就迫切需要一个人来帮她。

这个人最好在李治心里有一定地位,同时又很温和,不会与她争。

只要让王皇后知道武媚娘就是这样的人,王皇后就一定会帮她回到后宫。

那武媚娘怎么让王皇后知道呢?

史书里记载,左右数言之,就是宫里的人都跟王皇后说:"是啊,磨了十二年,武媚娘早就是这个世上最温柔,最不争不抢的白莲花啦。"

王皇后信了。

充当工具人,被李治多临幸了几天的萧淑妃也真觉得自己宠冠后宫了。

武媚娘进宫后,跟李治偷偷相视一笑。

刚开始的时候,武媚娘还对王皇后很恭敬,两人一起把萧淑妃排挤到边缘。萧淑妃不敢置信,她还派宫女去探李治的位置,回禀全是李治跟武媚娘在一起。

萧淑妃一头雾水。

后来武媚娘生了儿子、女儿，这回不仅萧淑妃感觉不对，王皇后也终于反应过来。

这是被骗了啊！

王皇后心里拔凉拔凉的，她复盘了半天，忽然发现自己被骗，多多少少有李治的影子。

那就是皇上不喜欢自己。

王皇后心里更凉，她想了想，自己决不能闹，毕竟自己背后是名门世家，只要不再出错，就没有谁能让自己退位。

只可惜，这位皇后太不了解武媚娘。

也太不了解李治。

热恋的阶段落在别人眼中，最多形容个恋奸情热，放在李治和武媚娘身上，太多人都觉得他俩热恋等同于狼狈为奸。

这两位要在一起，任何阻碍都将不再是阻碍。

那些年里，李治经常下了朝之后去找武媚娘，路上脸色寻常，见了她才沉下脸来，骂两句老匹夫欺人太甚！

武媚娘都没问就知道，这里的老匹夫，一定是长孙无忌。

作为太宗留下的重臣，在朝官员多少都要看他的脸色，日子久了，就有不少人情关系网铺展其中。

李治提过两句，说："听说最近官员处事都要互讲情分，这不太好吧？"

长孙无忌特别坦然地说："谁能不讲情分？陛下有时也要看人的情面吧，不徇私枉法就行了，讲情面俗人难免。"

李治笑着表示受教,心里骂了一万句老匹夫。

李治也想过提拔新人,来反抗这群关陇门阀的旧臣,广开言路,希望能从进言的人里挑选人才,结果发现根本没有人才。

发言的全是差生。

这是为什么呢?

长孙无忌说:"现在旧臣旧例都很好,有我们这些老臣看顾,陛下也还不错。那当然没什么可说的,勉强开口进言的,不过是想侥幸得用的小人。当然,陛下您想广开言路还是对的,可以下情上达,也算个好处。"

李治这次连笑都差点儿笑不出来。

就这些玩意儿,哪有下情呈给我?

后来长孙无忌主办房遗爱谋反案,因为当年夺嫡之争,与吴王李恪有旧怨,此时此地,硬把李恪也拖进谋反案里,要杀之而后快。

李治去求过情,长孙无忌说法不容情。

真的,什么叫权臣,这就叫权臣。

像诸葛亮那种跟阿斗说话谨小慎微的,每件事都要掰开一点点讲,犯了错误还要自罚降职的丞相,那比起长孙无忌差远了。

而长孙无忌这样世家出身的人,当然会支持世家出身的王皇后。

感业寺的计划,如今走到了第二步。

武媚娘跟李治说:"要对付长孙无忌,首先要发出不同的声音,现在朝廷上处理公务的声音几乎一致,那就得在别的地方找声音。"

李治问武媚娘:"怎么找?"

武媚娘就笑,她说:"让我当个皇后怎么样?"

李治目光亮起来,当时就狠狠亲了武媚娘两口。

这会儿武媚娘已经是武昭仪了,只比皇后差两级。谁都知道这是李治宠爱的姑娘,所以当李治试探着提出要废王立武的时候,老臣们虽然意外,却也早有准备。

要么说王皇后没错不该废,要么说武媚娘不配。

后来议事的时候,李治直接隔着一道帘幕,拉着武媚娘坐在后面,一力撑腰。

但这些人还是觉得武媚娘不配。

皇后,无论如何得是名门之女,武家,不过就是个木材商人,倾家荡产去赌大唐能在乱世里胜出,也不过是个赌徒,没法子跟几百年的贵族比。

褚遂良的语气更激烈,还说:"武媚娘侍奉过太宗,要是她当了皇后,我何以见太宗在天之灵。"

长孙无忌就在边上看着,大佬式沉默,俨然是默认了褚遂良的话。

这些人的鄙视与嘲讽,让武媚娘仿佛回到小时候,她的目光越来越冷,人也越发气愤。

但她什么都做不了，她只能忍。

武媚娘对自己说："没事，我总会报仇的。"

李治当然也在为她分辩："武昭仪明明是因为我侍奉父皇尽心得力，父皇赐给我的，褚爱卿不至于无法见父皇在天之灵。"

褚遂良看着李治，眼神仿佛在说："你骗傻子呢？"

完事就要辞官，哐哐磕头，脑门上都是血，说什么都不让武媚娘当皇后。

后来被侍卫拉了出去。

武媚娘回头咬牙切齿跟李治说："当时怎么不直接杀了这狗官！"

李治只能苦笑。

他知道，褚遂良这么激烈，背后站着的一定是长孙无忌。

李治说："你收拾收拾，我们明天去长孙无忌府上。"

武媚娘点点头，收拾心情，准备进行下一场表演。

事已至此，去找长孙无忌干吗呢？

是去送礼的，送礼还封官，把长孙无忌一家都伺候得舒舒服服，武媚娘和李治笑得脸都僵了。

皇帝去贿赂大臣，只为后妃求一后位。

最后还失败了。

钱财珠宝、子孙官位，长孙无忌笑纳了，至于让武媚娘当皇后，那就顾左右而言他，没门。

这两位影帝夫妻走出门，心情当然很差，但这两位同时知道,反攻的日子不远了。

因为他们已经展现出了充分的决心，我就要立武媚娘为后,我还可以拿出足够多的诚意,只可惜长孙无忌似乎不想跟我合作。

那,谁想跟新的大唐天子合作呢?

沉闷的朝廷里,终于开始响起不同的声音。

这个世上永远不缺乏投机者,只要有队伍可以站,那新时代的皇帝皇后麾下就有了冲锋陷阵的猛将。

这位猛将叫许敬宗。

这人开始发表支持天子立后的言论,说这是什么天子家事,别人不该插嘴。

而当李治把掌控军权的李勣也拉到自己的阵营之后,作为开国功臣,他又说了一句此乃天子家事,一时间朝局就变得诡异起来。

长孙无忌忽然发现,自己的力量其实薄弱得很。

那些看自己情面的官员,曾经被自己提拔的人,似乎都开始跟他保持一定的距离。

当然也有跟他利益密不可分的人,但显然已经不多了。

这时武媚娘也知道时候到了,宫外的羽翼已削,宫里的杀招转瞬即至。

武媚娘安排人布置线索与证据,轻轻松松给王皇后安上了一个巫蛊之罪,说:"王皇后和她娘扎小人施法,阴谋要搞死我。"

面对这些证据跟屁股明显坐偏了的李治，王皇后一时恍惚。

原来面对这两位狼狈为奸的狗男女，束手是真的只能待毙。

王皇后就此一败涂地。

这场战斗里，赢家都很开心，输家都很惨。

李治很开心，他可以独揽朝纲。许敬宗很开心，他又得到了重用，而且新的任务也很快到来了，他接到密报，有人说长孙无忌意图谋反。

这密报是哪里来的，他很清楚，所以这件事他办得也很快。

李治一边哭着说我怎么能抓我的舅舅，一边连跟长孙无忌对质的机会都不给，直接流放他去黔州。过了几个月，许敬宗又派人去，名为调查，实则逼长孙无忌自杀。

与此同时，长安城的立后大典上，武媚娘望着李治，笑得格外开心。

那或许是这段爱情最登对的时候。

只是早在感业寺，相爱的两人为了能在一起开始商讨如何实现利益最大化的筹谋，就注定两人会在某些地方，相爱相杀。

能掌控命运的方式，其实只有一种。

那就是把权力掌握在自己手中。

两人开始争权。

其实寻常皇后想要权力，当务之急肯定是固宠，即使有处理政务的能力,也多半像是太子监国,凡事都求一个稳。

武媚娘没有稳,武媚娘其疾如风。

因为她清楚地知道,权力的来源途径有很多,但施舍,绝不是其中之一。

即便施舍的缘由是爱情,那也决不能接受。

争,才能有权。

情投意合的阶段很快过去,相爱相杀的时代已经来临。

武媚娘开始提拔支持自己立后的人,比如许敬宗、李义府。

她屡次提拔这两人,意在告诉天下读书人,效忠于我的,能更快升迁。

这两个投机分子,当然不是什么很好的选择。不过那时武媚娘也没有更好的选择,她只能利用李义府主持选官考试的时机,努力在寒门子弟里再选人才。

当朝堂里属于她的人才越来越多,她的权柄也就渐渐扎实了。

只可惜,武媚娘没等到那个时候。

她争了第一手,就迎来了快速而精准的打击。

这打击当然来自一个闭着眼睛揉脑袋的年轻皇帝。

当武媚娘迈出争权第一步的时候,李治就睁开了眼。

李治先敲打了李义府:"听说你儿子女婿多行不法,朕都替你遮掩了,你能不能让朕省点儿心?"

李义府脸色一变,直接反问:"是谁向陛下说的?"

李治气极反笑："朕告诉你，好叫你去报复？"

李义府连称不敢，但也没交代自己儿子女婿犯了什么罪，只当这事没发生过，掉头就走。

望着这个背影，李治又觉得头有点疼。这番敲打，跟当初敲打长孙无忌一样，都令李治很不愉快。

这是没把自己放在眼里啊。

李治揉着脑袋，心想不愧是我喜欢的姑娘，这么快就在朝廷里竖起旗帜了。

之后李义府像没事人一样，还卖官捞钱。一个小小的参军告发了他，那时李义府端坐在府里，觉得这参军恐怕见不到明天的太阳了。

没想到一道圣旨随之传来。

李义府直接被李治丢进了狱中。

武媚娘霍然惊醒，可等她准备出手的时候，发现李治已经命刑部、御史台、大理寺会审，还请来了手握兵权的司空李勣监审。

摆明了就是告诉某些人，别救，谁都救不了李义府。

那几个月里，李治回宫之后也常跟武媚娘叹息，说："李义府也是晋王府旧臣，怎么得势之后就变成这样了呢？"

武媚娘默了一下，跟着叹息，说："是啊，李义府早该死了。"

李治就笑，说："以后还是要盯着点，少用些这样的人。这几年我们广开科举，多的是人，没必要像对付长孙无忌时那般。"

武媚娘点点头,左看右看,没看出自己丈夫究竟是什么心思。

几个月过后,宫里的眼线传来消息,说:"最近长安城里的风声不太对,好像说您垂帘听政时过于霸道,连陛下也受您的气呢。"

武媚娘有片刻的茫然,接着又警醒起来。

她想:如果我是朝中大臣,听到这样的风声,是不是该表忠心了?

武媚娘加派人手,留意宫中动静,腊月里大雪纷飞,她旋即听闻有大臣匆匆进宫。

踏着雪色,武媚娘去找李治了。

武媚娘一踏进门,就看到李治的案前摆着废后的诏书。

那些来见李治的大臣已经走了,只剩下这诏书,李治见到武媚娘,还被吓了一跳,手忙脚乱想藏这诏书。

武媚娘静静地看了他半晌,李治不演了,把诏书放回案前,无奈地回望她。

风雪长安城,最亲密的情侣、最熟悉的对手正彼此凝视。

武媚娘先叹了口气,她说:"陛下,你想废臣妾就废吧,何必弄得这般麻烦呢?"

李治睁大了眼睛,说:"我何时要废你?"

武媚娘盯着案前的诏书,李治的目光也顺着看过去,有点尴尬。

李治轻咳两声,说:"这是一场误会,我只是受了别人的蛊惑,蛊惑你知道吧?"

武媚娘这时有点茫然,她原本想好了很多说辞——要先示弱,然后讲述自己跟李治之间的感情,如果感情不能打动李治,就再讲讲利益。

废后,相当于要废太子。

如果这时候废了太子,谁来入主东宫呢? 是王皇后那个被废掉的养子李忠吗?

届时,又会有一个新的利益集团围绕着新太子形成,其实被废与否,媚娘不怕,只怕不能为陛下分忧,加重陛下的病情。

武媚娘相信,这番话术下来,自己的后位基本是能保住的。

如今自己还什么都没说,李治怎么就尿了呢?

其实很多人都说李治是真尿了,后来的很多年里,武媚娘每每有举动,大家也都说李治是真尿了。

可武媚娘始终不能主导相权,攻击她的大臣,也多半逍遥快活。

那李治为什么尿呢?

茫然了片刻的武媚娘忽然明白了,她终于明白自己真正的用处,她在李治这里,就相当于许敬宗在她手里。

都是一把刀。

李治高高在上,继续做那个仁厚到有些怯懦的君王,当一个没人知道他是个内心阴暗狠辣的白莲花,而由她来当这个白莲花的刀。

武媚娘吐出一口气，问李治："那这次蛊惑陛下废后的人，是谁呢？"

李治笑起来，他这次笑得很开心，没有之前的尴尬与慌张，笑容里都是欣赏与从容。

李治的声音也变了，变得温和而平静，他说："是上官仪，那个恃才任势的太宗旧臣，我看他不顺眼很久了，这次也麻烦你了。"

武媚娘白了他一眼。

武媚娘当然也知道，李治想用她这把刀，不至于搞出这么多事。

这个狗男人惯会一石二鸟，他明明是想顺便借上官仪敲打她。

他要告诉武媚娘，我是真的可以废了你，而你也真的没有什么力量可以抗衡。

"当然，我永远不会这么做，想让我这么做的人，我还可以让你出气杀了他。但你最好也不要再尝试越过我，去夺我的权。"

武媚娘从李治的眼里，读出了这层意思。

后面的事情就简单很多了，上官仪和一个宦官王伏胜告发武媚娘在后宫扎小人，许敬宗反手就查出这两人是王皇后家那个废太子的旧臣。

这是有阴谋啊，是要谋反啊！

李治问也不问,就让武媚娘把上官仪、王伏胜,还有他那个被废的儿子一起杀了。

或许在夜里,李治还摸着武媚娘的身子,低声说:"姐姐你有没有想过,我是真的很爱你啊。我的儿子都可以给你杀了出气,只要你别夺我的权。"

李治说:"我是你的圣主啊,你好好当皇后吧,我永远不会变心的,我会给你所有皇后里前所未有的权力。"

武媚娘沉默了片刻,只能说好。

武媚娘忍不住想,要是我当圣主,你来当我的皇后就好了。

只可惜武媚娘那时还不是圣天子。

所以她的那些怨气就只能发泄在其他地方。

那年武媚娘身为皇后,连带着给武家的人也封了些官职爵位。阿武的娘亲在宴席上喝了几杯酒,忍不住要夸耀两句。

武家的人就跳出来,说:"呸,睡上去的官爵,老子还不稀罕呢。"

这话很快传到了武媚娘耳中。

成吧,给脸不要脸,小时候的仇本来还想过几年再报,这会儿就报了吧。

武媚娘把几个哥哥贬到岭南,宫里还有个自己的外甥女,最近或许是看自己跟李治闹了点小矛盾就要跳起来争宠,正好顺便收拾了。

武媚娘请自己的表哥们进宫,把毒下在表哥他们带来的饭食里。

外甥女当然知道这些表哥跟武媚娘的关系，自以为这是天然的盟友，她大大咧咧地吃了，吃完当场暴毙。

那两个表哥随即被武媚娘定罪投毒，杀了。

至于当初在家里还欺负过武媚娘她们母女二人的嫂子，武媚娘也不放过，这就成了罪人之妻啊，也得抓进宫里，日日鞭打。

史载：肉尽见骨乃止。

更不必说武媚娘把萧淑妃和王皇后的骨头砍出来，泡进酒里，让其骨醉。

李治就笑呵呵地看着武媚娘在宫里搞风搞雨，甚至还想拍拍巴掌，说皇后真棒。

武媚娘瞪过去，李治还笑，说："来来来，没消气的话，你想要什么为夫都给你。"

武媚娘深吸口气，闭闭眼，又睁开，说："我迟早被你给气死。"

李治笑着过去抱她，说："怎么会呢，我才舍不得你生气。"

武媚娘说："好，那我要称天后。"

李治拊掌大笑，说："好啊，那我就称天皇。"

史称二圣临朝。

天后这个称呼跟皇后当然不同，所谓名不正则言不顺，皇后垂帘听政就很奇怪，太后垂帘听政就非常正常。

女子在古代是没什么权力的，但母亲在古代就可以有权力。

改称天后，武媚娘垂帘听政，就显得极其顺耳。

武媚娘提出自己的政治主张，把为母亲守丧的年限，提高到与为父守丧等同，其实也是为自己的权力，谋一份社会认同。

这些通通施行。

就连后宫宫制，武媚娘要把嫔妃改成功能性的女官，而减少侍妾的意味，李治还是准了。

李治说："我本来就不喜欢暮气沉沉的后宫，有你一个也够了。"

武媚娘望着李治认真的双眸，忽然感觉很无力，她忽然想再挑拨李治一下。

这时距离上官仪事件，已经过去了十年。

这十年里，武媚娘日积月累，也有了某种意义上的君威。

比如武媚娘都能在百官检阅之下祭祀先蚕，僭越的意味昭然若揭，也没人多说什么。

除了李治。

武媚娘常想，这个狗男人太会装白莲花了，从来都会用一种不当坏人的方式，把坏事都给做了。

那天李治以自己风疾加重为由，把官员召集起来，说："我身体不太行，最近想要退隐，禅位给皇后，大家怎么看呢？"

这群官员顿时就炸了锅，丞相声色俱厉地驳斥了回去，百官纷纷响应。

李治回头看了一眼武媚娘。

武媚娘白眼向天，心想你弄这么一出给谁看啊，你要真想退隐，用得着把人都叫来吗？

那天晚上回去，李治笑呵呵地赔罪，说："这些年我看你折腾，都替你累，我们儿子也长大了，别折腾了吧？"

武媚娘能说什么，权力固然是争来的，可争不过有什么办法？

武媚娘把李治一把拉过来，脑袋贴在心口，说："好，圣主弟弟说什么都好。"

只是武媚娘也好，笑嘻嘻的李治也罢，谁都没想到，两位那一向体弱多病的太子李弘，忽然病死了。

武媚娘的眼神又亮了，她的机会又来了。那几年后宫里风雨不宁，她抓住机会，再一次废立太子之后，终于找到了一个听话的孩子来继承大统。

武则天想，这样一来，以后我总算可以垂帘听政、独掌朝纲了吧。

李治揉着脑袋，实在是累了。

这次换他让步了，他说："好吧好吧，既然你这么想在我走后垂帘听政几年，那就主政吧。"

李治在临终前亲自下命，把国家的军政大权交给了武媚娘。

或许临死的时候，李治还笑吟吟地看她，心想这个姑娘真顽强啊,不愧是我喜欢的人,我乐得成全我的姑娘。

反正垂帘听政几年,总要让儿子做主的。

不然呢?

武媚娘也哭,她哭得稀里哗啦,过往的时光匆匆掠过,她想自己的那些壮志、那些理想,从此以后再也没有对手,也再没人理解了。

或许有那么一个瞬间,武媚娘想,我跟着你走算了。

李治笑呵呵地说:"不行,说好了我当你的圣主,我知道你想要什么,我留了这个天下给你,你要接好了。"

武媚娘哭得更惨。

只是李治到死也想不到,武媚娘也想不到,他们最终决定的太子人选会那么蠢,一上位就要先夺丞相的权,再夺武则天的权。

要搞掉八成大臣,扶他岳父当重臣。

众人一头雾水。

最终被所有人一起给废了。

而这件事带给武则天深深的阴影,令她无论如何都不敢让龙椅上再坐其他人。

于是武则天想到了李治死也没想到的路子。

她要自己当女皇。

那些都是很遥远的事情了,现在李治正躺在病榻上,面前是泪眼婆娑的皇后。他们相爱了半生,也相斗了半生,李治努力笑了笑,心里掠过很多画面。

以后你要经常想我啊,别天天忙着跟人斗,偶尔也想想我,像是当初你写的诗那样。

看朱成碧思纷纷,憔悴支离为忆君。

而在未来的无数个日夜里,武则天先后处理过许多争斗,也有过很多男宠,但深夜时无论是想起对手,还是想起爱人,脑海中也一定会浮现起李治的模样。

当武则天也垂垂老矣,要立太子,她在立武氏还是李氏之间犹豫。

臣子们劝她,说:"只听过儿子给母亲配享太庙,没听过侄子祭祀姑姑的。即使武氏,愿意给当姑姑的您立庙,但先皇呢?先皇恐怕再无祭祀,再无血食了。"

武则天沉默了很久,又想起跟李治在一起的时光,最终立李显为太子。

死后与李治合葬。

这场盛大的爱情,就此落下了帷幕,无数剪影与铜锈,藏在岁月长河之下,一任后人评说了。

那是隋朝大业年间，远行的姑娘披着一身冷雨，回到了家乡梁郡。

王淮叶还记得，自己五年前提刀出门的时候，父亲曾恶狠狠地骂她，说："养不熟的白眼狼，滚出去就再也别回来！"

王淮叶磕了三个响头，还是走了。

其实王淮叶只是不想一辈子窝在小城里，像从小一起长大的姑娘那样，早早嫁人、生子，全部生命都只系在一个人身上，她觉得不喜欢。

父亲就骂她贱，说："她是养不熟的白眼狼，小时候就不该容她学武。"

王淮叶离开老家时，只有一把刀，送别她的是父亲的骂声与母亲的泪水。

浪迹江湖的那几年，王淮叶凭一把单刀也打出过名声，只是天下越来越乱，听说家乡也是战火绵延，王淮叶还是决定回家。

回家以后王淮叶才明白，原来你在江湖上的名声,曾经做出的事业,这里根本没人关心,他们只会说你已经二十多岁了,竟然还没有成婚,还舞刀弄棒?不会有人要你的。

王淮叶问母亲,说:"一个姑娘最大的价值,就是趁着年轻赶紧嫁人吗?"

母亲没有回答,半晌才说:"都是这么过来的。"

王淮叶沉默着,她说:"我出门了,给你买些针线。"

离开家后,恰逢细雨绵绵。王淮叶伫立城中,雨落了满肩,她看着人来人往,忽然觉得透不过气,偌大的梁州城空空荡荡,没谁可以共语。

就是这时候,王淮叶见到了魏衡。

那天魏衡刚刚下班,从城墙上巡视完毕,一身戎装披风戴雨走过来,遥遥望见伫立长街的王淮叶,笑道:"姑娘,你是在等人吗?"

这一瞬间,王淮叶的呼吸忽然顺畅了。她抬起头,目光穿过风雨,见到魏衡温柔的笑,像是见到了云雾外的星辰。

魏衡又说:"姑娘若是不便离开,我差人送把伞来给你。"

王淮叶也浮起淡淡的笑,说:"不必,我等到我要等的人了。"

那时王淮叶在心中喟叹,或许半生风雨,都只为遇见你。

那些天里,王淮叶常来找魏衡。魏衡书生出身,如今是梁州城守将。

王淮叶常与魏衡在城墙上眺望旷野，布置城防，也在青石板路上漫步，诉说过往。

魏衡不在意王淮叶的年龄、经历、爱好，他反而觉得这个姑娘与众不同。王淮叶就笑："与众不同，就意味着不被这个世道所接纳，又有什么好？"

魏衡心一跳，回头看着王淮叶说："这个世道不接纳你，我接纳你。"

六月的栀子花从枝头绽放，花影掠过姑娘的轻衫，随着悠然的风，王淮叶的心里荡起一层层潮水般的波澜。

大业十三年，魏衡与王淮叶成亲，这是梁州城一桩不大不小的喜事。

那些年间，魏衡门前总有些闲言碎语，说："好好一个读书人，怎么放着那么多好姑娘不娶，非要娶一个舞刀弄棒的大龄女子？"

魏衡从不理会这些言语，回家之后也笑着安抚王淮叶，说："你别往心里去。"

只是怎能不往心里去呢？从前孤身一人闯荡江湖，王淮叶从不怕别人说三挑四，可如今嫁给了魏衡，她要替魏衡着想。

于是王淮叶放下刀，开始向母亲学刺绣，父亲笑呵呵地，说："终于有了些女人的样子。"

其实王淮叶也想过，自己这样与之前那些女人有什么不同？当见到回家的魏衡时，王淮叶豁然开朗，如果没有前半生的风雨,又怎么与魏衡一见钟情呢?

都是缘,妙不可言。

奈何命运捉弄,成婚一两年,王淮叶始终没有身孕,她自己都怀疑是不是自己舞刀弄棒,闯荡江湖,如今这世道要惩罚她了。

好在魏衡脸上的笑容没有消失,他说不着急,还说无论王淮叶变成什么样子他都喜欢,无论天下有什么变故,他也会挡在她的身前,拼了性命去保护她。

山盟海誓在灯下入耳,王淮叶的脸红红的,她想能碰见丈夫,终究是幸运的。

如果这是个太平盛世,那该有多好啊。

或许王淮叶就能从幸福的梦中永不醒来。

武德初年,李渊改朝换代,建立大唐,还来招揽魏衡。魏衡激动地对王淮叶说:"大唐是天命所归,乱世很快就要结束了!"

而没人能料到,就在乱世的尾声中,盘踞西羌的豪强房企地攻伐掳掠,杀到了梁州城外。

秋风吹过梁州城的时候,王淮叶正笑着给巡视外城的魏衡送饭。

遥遥的马蹄声,长刀磕在马鞍上的金铁交鸣声,唤起了王淮叶久远的记忆,她脑海中翻涌出乱军过境,屠杀百姓如草芥的画面。

这画面推着她,使她大喝出口:"魏衡,敌袭!"

本来正笑吟吟等着妻子走来的魏衡忽然一怔,继而猛地回头,望向城外的旷野。

这片刻的犹豫,已经迟了,房企地率军冲来的时候,漫天箭雨也随之洒下。

魏衡的脑海刹那间化作一片空白,平日里的兵法韬略半点儿都用不上,只能徒劳地凭勇气,顶在最前方,大喊着守城。

箭雨落下,有那么几支坠向魏衡,正在放声呐喊的魏衡瞳孔收缩,全身肌肉都紧绷起来。

要死了吗?

箭矢落下,砸在他的甲胄上,魏衡踉跄后退,痛呼一声,一支利箭刺进了他的肩头。

王淮叶遥遥望见,那一瞬间只觉得四周一切都慢了下来,整个世界无声无息,唯有自己的心跳声如暮鼓晨钟,嗡嗡响彻耳边。

王淮叶提着裙摆,三两步跨到城头,两只手拨开凌乱的箭支,扶住魏衡,问:"夫君,夫君你没事吧?"

魏衡双目有些失神,听到妻子的呼唤才重新聚焦,这时才发现城外的敌军已经近在咫尺!

那天魏衡无数次回响起箭锋倒映在他眼眸中,越来越大,逐渐占据他全部视野。

他咬咬牙,下令撤回内城,要凭着高高的城墙抵御外敌。

魏衡伸手就要拉王淮叶回头，拉了一下，却没拉动身旁的姑娘。

混杂着血腥味的风从荒野吹来，王淮叶用力抓了抓魏衡的手，她说："夫君，不能直接退，敌军会趁势冲进城里，要有人断后。能与夫君相识成亲，此生无憾。"

魏衡感觉到那只紧紧抓着他的手忽然松开了，他慌慌张张地抬头，只见一道熟悉的背影逆着人流冲向城门口。

那一瞬间，魏衡怅然若失，他想多走几步抓回王淮叶，眼底却又浮现出箭镞的一点寒芒。

魏衡退了两步，吩咐一队人马去保护夫人，自己与大队人马进了城。

王淮叶醒来的时候，发现自己双手被绑，正躺在陌生的军帐里。

她沉吟片刻，想起自己不久前为丈夫断后，受伤昏迷，如今或许已经成为阶下囚了。

"我是房企地，你叫什么？"

粗粝的声音像是裹着沙子，王淮叶循着声音望去，见到了一头乱发的西羌豪强。他赤着上身，正坐在另一张床上大块吃肉，目光肆无忌惮地打量她，床边还横着同样赤裸的女子。

王淮叶没有回答，她还试图用力挣脱绳索，肋间传来剧烈的绞痛，战场上受的伤，使她的冷汗涔涔而下。

房企地斜了她一眼，丢下手中的骨头道："不说也行，养十天半个月，伤好了就跟我同房，我娶你。"

王淮叶说："我有夫君，不会嫁给你的，不过一死而已。"

房企地拍拍手，盯着王淮叶，眼里泛着绿光，他用沙哑的嗓音笑道："你信不信，你死也死在我身上？别把自己看得太重，你这样的女人，也就中原不多，西羌可不少，还不是靠男人活着？"

这些话落入王淮叶耳中时，她还并不当真，一个人想死，终究是很容易的事。

王淮叶不吃不喝到深夜，房企地又回到帐篷里，说："既然你非要死，城里的消息看来也没必要告诉你了。"

王淮叶心头一颤，想起了父母，也想起了魏衡。

其实消息也没什么，不过是魏衡请唐军发兵，城里乱哄哄的，四处都是盗匪和流民。王淮叶的父亲骂骂咧咧找上魏衡，说："我家闺女再不是个东西，也嫁给了你，你得去救她！"

魏衡想过出兵救人，不过派出的斥候没有一人回来，同僚也都劝他："夫人那样刚烈的人，肯定早已自尽，现在出城也不过是多死些兄弟罢了。"

魏衡也拿这些话劝王淮叶的父母，父亲拿拐杖揍他，母亲就坐在门槛上放声大哭。魏衡立在庭中一动不动，王淮叶的父亲没了力气，瘫坐在地上。

人们说，魏大人真是个深情的人。

只有魏衡自己知道，那些理由骗不了自己，但凡王淮叶有一线生机,他都应该出去。

可魏衡迈不开步子,他向外一步,就感觉那天的箭矢又会落下来,死亡如影随形。

魏衡告诉自己,你是梁州城的守将,你肩负着一城百姓的性命,你不能为了儿女私情坏了大事。

所以一天过去了,城内除了加固城防,再没有其他动作。

房企地告诉王淮叶,你男人靠不住的,这时候你只能靠我。放心,以后你是我正娶的妻子,与我床上那种只图一乐的女人不同。

王淮叶冷笑,说:"那我还要感恩戴德吗?"

房企地说:"当然。"

王淮叶闭上眼,不再跟他说话。其实魏衡的举动她能理解,她还在想,魏衡不出城更好,只要他安稳地活下来,比什么都好。

唐军杀来的时候,王淮叶已经两三天不曾进食了,她的双唇发白,像是将灭的烛火。

房企地知道她死意已决,骂骂咧咧地爬上她的床,要强行与她同房。王淮叶虚弱地躺在床上,只有眼神还如刀子一般,她用尽最后的力气屈膝,撞击房企地的胯下。

这一击固然被房企地拦下来,王淮叶也没有放弃,她以虚弱的声音平静地说:"唐军随时可能到,我也可能还有一击之力,如果你不想在唐军抵达时只能捂着裆去打仗,就别碰我。"

房企地来回扇了王淮叶几个耳光。江湖之上的岁月赋予了这个姑娘卓绝的毅力,她的脸色惨白,眸光却发亮,死死盯着房企地毫不退让。

片刻之后,房企地铁青着脸走了出去。那时王淮叶还在想,或许唐军真的快到了,房企地战败之后会怎样呢?他还来得及杀自己吗?如果能活下来,是不是还有机会与魏衡重逢?

王淮叶无论如何都没想到,唐军没胜。

深夜里,王淮叶听到军营爆发出一阵阵的欢呼,欢呼声浇在她的身上,由外及内,透体冰凉。

当夜,房企地为防唐军回头袭营,巡查了一夜,他也回过军帐之中,脸上带着伤痕和血污,大笑着说:"美人,你等我明天回来,再好好收拾你!"

长夜漫漫,王淮叶仍旧咬牙撑着,用尽一切办法想找到速死的法子。

只是她所剩的力气实在不多,这时她才发现房企地有一件事说得对,想死原来也并不容易。

东方既白,王淮叶深深呼吸,该来的躲不掉,真到受辱的时候,怎么也要咬下房企地一块肉。

帐外传来脚步声,脚步声杂乱,似乎并非一人。王淮叶的目光飘过去,发现了笑吟吟的房企地,还有他背后的一个男人。

这人王淮叶认得,是魏衡的手下。

魏衡的手下为何能这样堂而皇之地进来?王淮叶的思绪不

太清晰,她怎么都想不明白。

其实道理很简单,房企地连唐军都打败了,区区一座梁州城,哪里还敢抵抗呢?

魏衡派人来降了。

其实献城这种大事,自然是有来有往,魏衡的手下表达了诚意,房企地也会派几个人进城去找魏衡面谈细节。

当房企地的人来到魏衡身前,魏衡笑得儒雅,一如既往,与来人拱手寒暄。

来人脱下遮掩的兜帽,魏衡的笑容凝固在秋风里。

来的是房企地本人,与只喝了两碗粥的王淮叶。

房企地还笑着说:"我看重魏大人,就这么来了,你可别怪罪。万一我要是出不去,外边的兄弟急了,恐怕小小的梁州城就鸡犬不留了。"

魏衡勉强笑着说:"岂敢,岂敢。"他的目光却一直飘向王淮叶,沉默片刻才说:"房将军,这位是?"

这六个字轻描淡写,饿了三天的王淮叶总觉得此时应在梦里,触目入耳,凡所有景,都带着虚幻的感觉。

房企地哈哈大笑说:"魏大人怎么不认识了? 这是你的夫人。我来除了谈入城之事,也是想让你劝劝她。我要娶她,这是件好事,她还绝食不从,你瞧瞧,是不是给饿瘦了?"

魏衡啊了两声,望着王淮叶,不知该怎么开口。

还是王淮叶先说话了,她的语气轻轻的,像梦中的呢喃,她说:"魏衡,你要我嫁他吗?"

魏衡看了一眼房企地,说:"嫁吧,这个世道里,我护不住你,你该找个能护住你的人,今后我们就不要再见了。"

王淮叶又道:"你说你拼了性命也要护住我,原来都不算话吗?"

魏衡望着王淮叶,目光一如既往地坚定:"我是梁州守将,要为一城百姓考虑。房将军是天纵之才,我自然不能为你与他刀兵相见。"

房企地又是一阵大笑,拍着魏衡的肩膀夸他有眼光,继而探讨起献城的细节。

这些话王淮叶都已听不清了。这些年来的温暖,风雨中的初见,流言蜚语后。放下长刀给他灯下补衣,漫漫长夜里他抱着自己入睡,王淮叶觉得那才是真实的,而如今此刻,不过是一场梦。

在梦里游荡了很久,王淮叶心想,这个梦该醒了。她望见魏衡书房里的裁纸刀,缓缓走过去。

这时她又听见魏衡吞吞吐吐的一句话。

魏衡对房企地说:"房将军,有件事我得告诉你,这个女人可能生不出孩子,你娶她要慎重。"

王淮叶停在去往拿裁纸刀的路上。

魏衡出言如刀,王淮叶的心像是突然被大手攫住,剧烈的疼痛使她终于明白，原来这一切才是真实的，她从梦里醒来，挨了一身刀伤。

王淮叶回头，想说生不出孩子还可能是你的报应，但她望着魏衡那张脸，终究没说出来。

"那也未必，或许是你不行呢，哈哈哈哈。"

这话王淮叶没说，房企地倒是说了，魏衡也笑，说："既然房将军不在意，就恭贺房将军了。"

王淮叶闭上眼，再没看魏衡，随着房企地离去了。

走在长夜之中，房企地笑着对她说："怎么样，你男人靠不住吧？还是要靠我。"

王淮叶点点头，心里说："这世上本就没人可以依靠，生路从来只有自己才能杀出来。"

当天晚上，房企地就与王淮叶同房了。

营里都知道，房企地新娶了一个貌美如花的姑娘，那姑娘低眉浅笑，只跟在房企地身后。房企地对亲信得意地笑，说："怎么样？还不是只要完事了她就会乖乖听话。"

王淮叶也不多说，只陪着房企地与众将士饮酒。

献城之前的晚上，王淮叶曲意逢迎，非要跟在房企地身边，要做第一批进城的人，说要给魏衡一个教训。

于是在梁州城外，两方会宴，饮酒高歌，已有不少人醉卧的时候，王淮叶笑着起身为房企地斟酒。

这些天来，王淮叶这样斟酒过无数次，房企地甚至还有闲暇看魏衡的反应，他看见魏衡神色大变，双眸中满是惊恐，一时还有点错愕。

恍惚间，房企地见到一抹刀光。

那道刀光是不屈的女儿意，千年间无数的叹息都在刀光中泼洒，如流星经天，逆流而上。

王淮叶趁斟酒的工夫，拔出房企地腰间的刀，一刀斩下了房企地的头颅！

血溅长空，满座衣冠尽污浊，王淮叶提着房企地的头颅，冷冷扫视众人。她又想起刚回到梁州城的时候，母亲说，女人都是这样过来的。风雨里千百年的岁月让她窒息。

如今她终于可以自由地呼吸，永不必在意他人。

而魏衡仿佛又见到了箭镞的寒芒，他大叫一声，胯下已是湿淋淋一片。

王淮叶没有多看他一眼，事情还没结束，她回身夺马，再挥刀，驱马，马不停蹄奔向唐廷所在的城池。房企地的部将三三两两起身阻拦，王淮叶只管向前，无论谁在她身前，就只有一道刀光。

无垠的岁月呼啸而过，这道刀光遗世独立，一往无前，直至今日，仍卓然有生气。

本文据历史事件改编，事件细节多有不同，只是有这样一个丈夫投敌，自己一刀斩首的姑娘存在过。

史书中没有王姑娘的名字，只有魏衡妻王氏，以斩贼有功，封为崇义夫人。

《旧唐书》载：魏衡妻王氏，梓州郪人也。武德初，薛仁杲旧将房企地侵掠梁郡，因获王氏，逼而妻之。后企地渐强盛，衡谋以城应贼。企地领众将趋梁州，未至数十里，饮酒醉卧。王氏取其佩刀斩之，携其首入城，贼众乃散。高祖大悦，封为崇义夫人。

在大唐开元年间，有这么一个姑娘，她家徒四壁，应征宫女，从此日日锁在红墙碧瓦之内。

有人告诉过她："这辈子总会有一个人，在岁月的某处等着你，无论你沉入岁月长河有多深，他都能将你打捞起来。"

灿烂明媚的光景里，姑娘还畅想过。

奈何庭院宫深，日子一久，这点浪漫也就烟消云散了。

那年边关又打起了仗，唐玄宗下令让宫女做棉衣，送到秋风吹来的地方。

姑娘缝着棉衣，对自己说："梅花快开了，属于自己的时节已经过去了。"

她在棉衣里写了首诗，说："寒夜白骨外，月冷水更凉。这件棉衣不知落入谁的手中，这里面多添的棉絮，能否抚慰天涯孤旅的心魂？今生你与我一般，都这样蹉跎过了，倘若真有花开在彼岸，我愿许君来世缘。"

姑娘落笔，将诗缝入棉衣之中，从此认了命。

多少老宫女，白头闲话说前朝。

那年也有一位少年，长途跋涉，离家远赴战场，他无心看沿途的风景，只顾仓皇赶路。

少年不知自己去往何方，也不知自己要去做些什么。

去代表一个国家，杀掉另一个国家的人，或许少年会觉得这样毫无意义，但没有办法，军令如山，倘若少年不想让这座山压倒父老，就只能由他来撑起这座山。

夜深经战场，寒月照白骨。

秋风起时，少年已经打过不少仗了，冷风吹进伤痕里，少年在帐中冻得瑟瑟发抖。

少年想：我还能回得去家吗？

少年想，或许明天死在战场，朝廷多给家中些抚恤，便是最好的结果了。

那天军中发棉衣，少年浑浑噩噩的，拖着疲乏的脚步领棉衣入手。

少年眉头微皱，他发现自己这件棉衣里似乎有些不一样的东西。鬼使神差地，少年撕开外袍，赫然发现了姑娘的诗。

通篇读罢，如楼头月明，照人间飞雪。

少年长身而起，心底的血在寒夜中被点燃。他也不知道为什么，脑海中只剩下一个想法，在他短短的二十年生命里，只有这一个想法如此坚定。

他想：我一定要找到这个姑娘。

少年深吸口气，拿着这首诗去找到了将军。

将军扫了两眼，又深深望向少年，他问："你想怎么做？"

少年说："我想找到她，我想见她，我想娶她。"

将军哑然失笑，说："就凭一首诗？"

少年认真点头，说："不错，就凭一首诗。"

将军说："这是宫里发来的衣服，你想找的姑娘大抵是在宫中，你想在宫中抢女人？"

少年沉吟说："不是抢，是想娶。"

将军眯起眼来，说："你不怕死？"

少年笑了，他笑着说："活都尚未活过，还会怕死吗？"

将军哈哈大笑，说："好，那我就帮你找这个姑娘！"

遂报入宫中，唐玄宗看着那首诗，喊来了六宫粉黛。众宫女跪倒在地，玄宗缓缓长吟，将棉衣中的诗传入众女耳中。

玄宗告诉她们，这首诗的作者站出来，可以不受责罚。

宫女私通外人，其罪当诛，纵然这首诗相约来世，未必不能论罪。姑娘跪在下面，心像是浮在大海中的孤舟，随波飘摇，不知喜忧。

姑娘深吸口气，她想，这辈子活着都不怕，还怕死吗？

于是她缓缓站出来，口称罪该万死，说这诗是我写的。

玄宗抖了抖袖子，朝姑娘笑道："我说了，恕你无罪。这首诗写得好啊，不过不必再结来世缘了，收信人已经追到京城，你可以去见他了。"

那天的阳光很明媚,姑娘耳中听到这番话,恍惚间像是活在另一个世界里。

她走出宫门,走上长街,朱雀长街的尽头立着一个少年。少年脸上还有边关的风霜,他正搓着衣角,手足无措地等候。

茫茫人海中,姑娘与少年对视一眼,像是冥冥之中的天命,两个孤寂无望的人彼此相遇,他们一齐笑起来。

冬日的阳光漫洒,少年与姑娘相拥在一起,目光交会里,少年对姑娘说——

"不要来世,我与你结今生缘。"

从此生命便有了意义,漫长的岁月都值得期许。

从前有个书生，长得贼好看，像是松林下吹过的风，令人心神清澈。

书生小的时候，气质还没这么逆天，只是单纯的聪明。

普通人的八九岁，基本都在背课文，偶尔玩点游戏，也无非是各种角色扮演。

书生八九岁的时候，已经开始玩音乐了，父亲闲来无事陪着玩，玩法也都很奇特。比如指着院子里的大树，就突然冒出两句诗来。

父亲再看看书生，说："来来来，你接后两句。"

我一头雾水。

那年头古人对自己家孩子要求都这么高的吗？

父亲要求高也就罢了，书生还秒回了两句，写得比父亲还要好。

父亲也不过是白描了两笔大树，说"庭除一古桐，耸干入云中"，书生就给来了段"枝迎南北鸟，叶送往来风"。

这是别人家的八九岁。

如果没有什么大的变故，书生或许会一直这样玩玩音乐，写诗论文，在那个时代结一段上好姻缘，享受花月春风。

只可惜宦海沉浮，伴君如伴虎，书生十四岁那年，父亲溘然长逝。

从此家道中落，那些诗词歌赋换不来钱财，书生只能眼睁睁看着母亲消瘦下去。

其实书生还有一条路，去当乐师，在各种霸道总裁的宴席中弹唱风月，混几口饭吃。只是那会儿专业玩音乐的都属于贱籍，不到万不得已，书生不想这样。

奈何两年之后，母亲的身子一天不如一天，书生长叹口气，还是拿起了琴。

从此出入侯府，颠倒红尘。

那些年里，书生偶尔会想起自己小时候的模样，眼睛里闪着跃动的光，满脑子都是对未来的憧憬。

如今的书生，渐渐习惯了伺候显贵，只弹琴写诗，间或伴酒高歌，明月高悬的时候，有人曾见过书生眼底的流光。

那里似乎有三千世界，苍茫辽阔，又像是渊虚寂寞，一无所有。

许多年后，蜀中来了一位新的霸道总裁，平定叛乱有功，文武双全，名叫韦皋。

那天书生抱琴，在韦皋的宴会上伴奏，书生坐在角落里，散漫而随性,仿佛根本不该存在于此。

这就引起了霸道总裁的注意。

韦皋向人打听,得知了书生姓名,又听人说书生实则才高八斗,极擅诗赋。

霸道总裁来了兴趣,喊停了书生的琴歌,让他即兴写首诗。

书生神情散淡,笑着说了声好,挥毫墨定,像是八九岁那年一样,写下首可留青史的诗。

韦皋拍案而起,大喝叫好。

书生微怔,抬眼望着那个激动的汉子,不禁哑然失笑。已经很多年没人这样为自己鼓掌了,难得有人不因出身而看低自己。

从那天起,书生跟在韦皋身边,闲来无事就替他抚琴唱歌,公务繁忙就帮他草拟公文。

韦皋拿着书生写好的公文,啧啧称叹,说倘若你不是出身乐籍,那该有多好啊。

书生低低笑了一声,说:"我若不是出身乐籍,或许根本无缘遇见大人。"

韦皋突然道:"我若是帮你脱离乐籍呢?"

书生望着天边浮云,笑道:"就算脱离乐籍,大人又能给我什么呢?能给我一个庭院,一个对镜贴花黄的家吗?"

韦皋凝眸望着书生,他已经四十多岁了,又是封疆大吏,什么能给,什么不能给,他心里是清楚的。书生没有说出的话,他也是清楚的。

所以那天他笑了一笑,什么都没再说。

那些年里,韦皋经常逗书生笑,他给书生申请校书郎的职位,给书生送南诏国的孔雀。

但书生的笑意却从未加深,书生知道,韦皋连一句承诺也不会给他,于是我行我素着,让自己既不谄媚,又不孤独。

那几年间,常有人找到书生,送钱送物,希望书生能在韦皋面前美言几句。

书生来者不拒,尽数收下,上交一部分,花掉一部分,狂歌买醉,楼头写诗。

韦皋有些不快,像是私人物品越了界,又像是被他人冒犯了。他告诉书生,你的一切都是我给你的,我随时都可以拿回来。

书生挑眉笑着,说:"好啊,反正你给我这些的时候,也从没问过我想不想要。"

那年韦皋动怒,把书生放逐去穷乡僻壤。如果按言情小说的路子,书生会遇到另一个知己,霸道总裁按捺不住,又要把他接回来。

这世上没有这么多小说桥段。

书生被人押送着,天高云淡,空旷寂寥,再无吟诗高歌的楼头,或许路上还会被人调笑,书生忽然怕了。

他提笔给韦皋写下《十离诗》,以十种可怜境况自比,说:"离开了你,原来如鹦鹉离笼,丧家之犬。"

写完之后,书生掷笔长叹,他知道韦皋一定会接他回去,他所叹的,是原来自己想要好好活下去,就要一直当别人的笼中鸟。

那年书生又回到成都,脱去乐籍,在浣花溪畔种菖蒲满门,家外便是车马流连的古道。

书生常与人诗歌唱和,比如白居易,比如刘禹锡,还有接替韦皋的封疆大吏。

这些人很难讲是不是真的看得起书生,书生也不太在意,他曾经还对那个"除却巫山不是云"的元稹动过情,制作小笺写诗传情。

可惜元稹能为亡妻写"曾经沧海难为水",转头便与书生情浓,那自然不会是什么良人。

三个月后,元稹离开成都,再也未回来。

这世上苍苍茫茫,那些人所谓的欣赏,青眼有加,原来只不过是对一个乐籍女子的惊奇。她从来都不是他,也从来都不是书生,从来都只是个歌姬。

很多年以后,书生换上了道袍,淡淡笑着,冷眼观望这纷扰红尘。她不曾看得起什么人,甚至不曾看得起自己。遗世独立,宛如清冷的秋霜,留一抹寒意,便消融在这世道里。

书生名叫薛涛,那年韦皋送她的孔雀死了,她怅望良久,仿佛看到从前那个狂喝醉酒,想要对抗世界的女孩。

次年,薛涛病逝成都,世称女校书。

从前有个姑娘,穿大红的披风,乘千里的马,俗世里尽是往来指点的人,姑娘也并不在乎。

就这样,姑娘过尽了青葱岁月。

那天笑呵呵看着姑娘成长的父亲病了,他拉着姑娘的手说:"为父先去黄泉逍遥了,今后你就自己在世间浪荡吧。"

姑娘又哭又笑地说:"爹你走好,要保佑好我。"

爹说:"好。"

然后爹就死了。

姑娘家大抵还是大户,葬礼办得风光,来挑刺找事的人也多。

有人说姑娘败坏家风,有人说姑娘是时候出嫁了,至于家里的钱财,该分给族人也便分了。

姑娘冷冷笑着,长鞭一抖,月白色的剑光再闪过眼前,聒噪的人群寂然无声。

但显然,人们是不会善罢甘休的。

遂找到官府,要惩治这位姑娘。刺史是新来的书生,年纪轻轻,刚从翰林院调过来,还不太习惯面对这样的状况。

书生脸有点红,还是把人们都推走了,他说:"事实真相如何,我总要去看看那姑娘才能知道吧?"

人们面面相觑,又说了一大堆姑娘的坏话,这才慢慢散去。

当书生找到姑娘的时候,他满脑子都是对姑娘不尊礼法的闲言碎语。

姑娘自然也知道,懒得搭理这位书生大人,就坐在家里摆弄算盘。快意的江湖时光已经过去,那是她爹给她撑起来的,如今该轮到她撑起家业了。

那天阳光洒下来,书生踏进屋门,姑娘阔袖长衫,挥挥手让他随便找个地方坐。

书生看着姑娘,就倒吸一口凉气。

这哪是不尊礼法,这是谢道韫林下风气,这是魏晋风度重现大唐。

礼法岂为这样的姑娘而设?

书生心想:太好看了,我要讨她做媳妇。

人群一头雾水。

姑娘一头雾水。

没办法,长得好看就是有特权,嘻嘻。

姑娘也不知道自己怎么就被这个书生盯上了,接下来的日子里,书生帮姑娘对付心怀不轨的同族,对付眼红的百姓。

姑娘常说:"人心似水,你治不了的。"

书生就不听，书生还搞了许多政令，又修了许多基础设施，种树防风沙，揪打恶势力。

当然也有失手的时候，书生差点儿被人刺杀，还是姑娘出手相救的。

姑娘看着书生就来气，说："要没有我，你都不知道死到哪儿去了。"

书生嘿嘿地笑，说："那你留在我身边，一直保护我怎么样？"

就这么着，姑娘上了贼船。

当然，其实上面这些都是我编的，历史上不记载这种事情，只记载了下面一小段。

那年北方异族南下，入侵书生的任地。

书生手下的将领抵挡不住，兵微将寡，书生告别姑娘，亲自领兵出城，要断了敌兵的粮。

孤城一座，援兵不至，书生此去可能就再也回不来了。

或许姑娘留过他，或许姑娘知道留不住，总之书生还是去了，然后重伤而归。

此时危城再无抵抗之力，眼看便要覆灭。

姑娘看着她受伤的夫君，猛地拍案而起，又提起大红披风，跨上烈马，拔刀奔出了府门。

长街上都是妇人的哭声，都是伤员的愁容，姑娘单刀斩在青石上，绽出火花，她大声喊："都哭什么！城还没有破，人也还没有死绝！不是只有男人才能守城，有时间坐在那儿等死，不如跟我登城一战！"

姑娘的声音在风中鼓荡，她来回奔驰大喝，唤醒了城中哭泣的妇孺。

那天，姑娘带着家丁和全城女人，冒着箭矢登上城头。大红的披风飘扬，姑娘指挥若定，一寸寸与敌军争着城头。

巨石檑木，男人要两人来搬，女人也不过要四人而已，硬弓开不了，软弓一样能杀人。

异族偶尔有勇士能冲上城头，等着他的，也是一个姑娘如火的刀光。

刀光一闪，映衬着满面灰尘的红颜。

姑娘眸如朗星，人如孤松，稳稳地扎在城头上。

最后一道防线，就这么被姑娘守了下来。

书生睁开眼的时候，目瞪口呆，又喜又气，抓过姑娘就想问她，你守哪门子城，万一你有个三长两短……

姑娘笑靥如花，说："那我就去找我爹快活，扔下你一个人在世间浪荡。"

书生无语了……

姑娘揽着他，又笑着说："其实我也不只是在守城，我也要守我家夫君嘛。"

书生的老脸一红，顿时没了脾气。

这个故事在大唐发生过两次，都是孤城即将陷落，姑娘发动女丁守城。

一位姑娘姓奚，一位姑娘姓高，奚姑娘家的书生是刺史，高姑娘家的书生叫古玄应，大概没有刺史那么高的官职，只是个飞狐县城的小县令。

事后武则天封了高姑娘五品的徇忠县君，以后古玄应同学在家里的地位怕是更低了。

书生说："你怕是搞不清状况。"

姑娘一头雾水。

书生说："我以前地位就高过吗？"

姑娘嫣然一笑，大唐的芙蓉花开，在千年来往的时光里永不凋零。

那是寻常的一个夜晚，大唐无人问津的角落里，正发生着再寻常不过的罪恶。

这种罪恶伴随着女子的哭喊、男子的怒骂，还有永远停歇不了的拳脚，和无处求援的困局。

打骂妻子很久之后，丈夫终于停下来，他喘着粗气还踹了妻子一脚，说："滚起来，给我把衣服洗了。"

妻子动也不动。

丈夫怒说："还没被打够是吧？"

妻子还是动也不动。

这位丈夫是大唐的秀才，见识好歹也算不凡，这会儿终于发现事情不对了。

他的妻子被他活活打死了。

秀才呸了口痰，说："真晦气。"

只是秀才丝毫不怕，还把妻子的尸体拖去报案，说："我失手打死了她。"

朋友们面面相觑，问："你不怕吃牢饭吗？"

秀才说："放屁，我打我自己媳妇吃什么牢饭，打那么多次屁事没有。她被打死也就是斗殴失手杀人,丈夫打死妻子,罪再减二等,交点儿罚金就得了。"

秀才扬扬得意,说:"本人什么书没读过?大唐律说不准比县令还熟,凭什么定我的罪?"

朋友们还想提醒,似乎人死了就不会再减罪,但看秀才的嚣张模样,纷纷闭口不言。

日后还是与他划清界限吧。

初审很快就有了结果,果然像秀才判断的那样,他被定下了斗殴失手杀人的罪名。

只是不再减罪,坐牢还是有可能的。

秀才撇撇嘴,该吃吃该喝喝,浑不在意。

"了不起坐几年牢,出来还是人人抢着要的秀才。"

这样的事在很多年以后愈演愈烈,至金国时,丈夫即使殴死妻子,只要未用凶器但凭拳脚,甚至可以无罪释放。

至于明清,丈夫殴妻致伤之后,妻子提出离异,只要丈夫不同意,照样不许。

那都是很多年后的事了,如今的大唐,还没有这么地过分。

京城,大理寺。

大理司直崔元式在处理公文的时候,发现了秀才失手殴杀妻子一案。

崔元式眉头皱起来,他想:这也叫斗杀?为什么不给他判故意杀人?

崔元式往后翻，发现判文写着：准律，非因斗争，无事而杀者，名为故杀。今姚文秀有事而杀者，则非故杀。

崔元式觉得不对，非因斗争，名为故杀。那什么才叫斗争？单方面的殴打能叫斗争吗？

同僚见他看了许久，侧目过来，说："这种案子啊，天天都有，显然是失手殴杀，你还想改判？"

崔元式想了想，点点头。

同僚吓了一跳，说："你不想升官了？你这么一改，要得罪多少之前判过此类案的人？"

崔元式沉默半晌，叹了口气，说："之前的我没见过，如今见到了，不能不还死者公道。"

崔元式写下判文：准律，相争为斗，相击为殴，交斗致死，始名斗杀。今阿王（妻子）被打狼藉，以至于死，姚文秀（秀才）检验身上，一无损伤，则不得名为相击……既非斗争，又蓄怨怒，即是故杀者。

这案子有了另一种声音，就成了刑部和大理寺的疑案。影响业绩，也就影响升迁，来往的人都望向崔元式，神色不善得很。

崔元式在京城坐立难安，秀才姚文秀在江湖中逍遥快活。

京城大，居之不易啊。

好在京城也大，有本事居易的人也多。

比如白居易。

那会儿白居易还在朝，了解此案始末后，给朝廷上了一份折子。

白居易说："律法所言'无事而杀者名为故杀'，这里的'事'，只不过是代指争斗而已，不是指二人之前发生过什么事，否则天下间谁杀人没有原因，难道就因有原因有故事就不算故意杀人了？前面崔元式已经说了，二人间不叫争斗，所以姚文秀算得上无事而杀。再论何谓失手，乃是素无前怨，偶然争斗，一殴一击之间过失杀人，原本并无杀心，而姚文秀显然不是。此人积怨已久，屡次殴打皆不在意妻子死活，应属有杀心。而案发时殴打狼藉，出手之重令妻子当夜便死，绝非偶然错手一击致死。"

白居易下结论："此非故杀，孰为故杀？"

文末还提到大理寺刑部官员，后者引用此前类似案子作例，证明此案并非故意杀人。

白居易半点情面不留，直接说："此案情形与前案或有不同，即便情形相类，那也是你们之前误判，还有什么脸拿来作凭证？如果都按这样判，死者从此蒙冤，故意杀人者就可以得计，日后先成婚，再杀人，万无一失了。"

白居易洋洋洒洒一篇奏状上去，终于改判了此案。

还在畅想未来美好生活的姚文秀没有等来轻判，而是等来了死亡。

京城里还是一如既往，大雪飘落，不知掩盖了多少无人问津的罪恶。

崔元式望着窗外雪，屋内是刚刚登门的白居易，正围着红泥小火炉饮酒。

崔元式说:"可惜死者再不能复生了。"

白居易喝了口酒,说:"只希望很多很多年以后,像姚文秀这种人,在第一次动手殴打妻子的时候,就能受到严惩吧。"

崔元式还是望着漫天的大雪,他长叹口气,说:"希望那一天能够来临。"

大唐的冬天随千余年过去了,大雪还未停歇。

第四部分 不屈无畏的气节风骨

从前有位书生，我们从小就听过他的名字，在传统印象之中，这人是个老夫子。

闲着没事劝人学习，日常抱个保温杯，除了逗鸟养花，就是练练毛笔字。

书生说："呵，你们对力量一无所知。"

这书生还年轻的时候，在外地做官，有个案子迟迟得不到判决，当地又大旱多日，闹得人心惶惶。

书生刚到地方，目光灼灼，就把真凶给抓了。

当天，大雨倾盆。

朝廷表示，厉害厉害！

那些天里，书生巡查地方有功，回京就被升了官。

但那时候书生毕竟年轻啊，升官进京，未必是好事，因为那就意味着你会接触到更多的龌龊之事。

于是书生大骂，于是书生被贬。

贬到了当年刘备待过的地方，当平原太守。

如果故事到这里结束，那书生贬官之后造福一方,闲来写诗撰文,像我们所知道的许多诗人一样,也挺好。

可惜时势如刀,斩的都是风平浪静。

那些年里,北方有个权臣正蠢蠢欲动,随时可能发动叛乱。

而平原,就在这个权臣的治下。

河北二十四郡,本来在权臣治下都得过且过着,不是没有人知道权臣会反,只是没人搞过事。

为什么要搞事呢?权臣反了也不会把太守都杀掉,权臣被平定了,皇帝仍旧不会把没有作为的太守都杀掉。

倘若你想搞事,对抗权臣,那被权臣发现,才会死无葬身之地。

如此简单的道理,谁会不懂呢?

书生不懂。

书生想:身为太守,保一方百姓安宁,保家国不会动荡,这是本职,我该去搞事。

如此简单的道理,谁会不懂呢?

偏偏就没人懂。

书生站在城头上,或许犹豫过,深思过,又或许根本没想这么多。

他开始搞事了。

先是借口平原阴雨连绵,趁机加高城墙,又暗中结交江湖豪杰,随时联络着兵马。

这些事都是晚上干的,白天还要与一群朋友喝酒泛舟,携妓同游,装出一副我很乖、我啥也没干的样子。

我猜那段时间书生的口头禅就是——嘿嘿嘿,我啥也不知道。

权臣信了。

所以当权臣公开造反的时候,河北二十四郡望风而降,只有平原,权臣发现自己怎么也打不下来。

而且书生振臂一呼,竟然能召集上万人马。

权臣一头雾水。

权臣说:"什么玩意儿,这人哪儿冒出来的? "

权臣决定再挣扎一下,他杀了其他地方的抵抗者,派使者送到平原,准备吓唬当地官员投降。

书生看了看那几个抵抗者的脑袋,淡淡一笑。

书生说:"我认识这些人很多年了,你这拿的脑袋不是他们的啊,蒙谁呢? "

使者一头雾水。

书生一挥手:"来人哪,把这个叛军使者拉下去砍了。"

使者惊呆了。

那些抵抗者,确实都是书生的朋友,但他当时只能这么做,然后到了晚上,才能偷偷把朋友的脑袋取回来。

给他们安上稻草当尸身,无声地痛哭祭拜。

第二天,书生继续提刀上马,义正词严地抵抗叛军。

那一年,他和他在常山的哥哥召集了二十万兵马,拉扯叛军的后方，坚守一年，直到叛军攻破京城，皇帝逃亡川蜀，他才带兵撤退。

而他在常山的哥哥，不幸死于贼手。

他哥哥临死前痛骂权臣，乃至于被人割下舌头，仍旧含混不清地痛骂着。

不错，他哥哥就是文天祥说过的——"为颜常山舌"的颜杲卿。

而他，名叫颜真卿。

那个写"黑发不知勤学早，白首方悔读书迟"，以颜体楷书名留青史的老夫子。

只可惜这样的人，并没有能够善终。

书生从平原回到朝廷以后，担任过许多官职，又造福了不少百姓，但同时也得罪了不少人。

其中有个丞相，长得特别丑，人还极其奸诈。无独有偶，这位奸相，正是书生朋友的儿子。

那几个头颅被送去平原的朋友之一。

奸相有这一层关系，不敢亲手杀他，当时又有叛军作乱，奸相就派书生去劝降叛军。

有人劝书生说："你不能去，去了一定是死。"

书生说："我身为礼仪使，去劝降叛军，本来就是我该做的事。我平生为官为人，不过就是做自己该做的事而已。"

至于生死，不足挂齿。

232

那天，老夫子胡须飘飘，站在叛军营中，叛军刀斧阵列，他面不改色。

叛军几经劝降，还用大火威胁书生，书生径直纵身跃入火中，说不过一死而已。

"老夫年近八十，官至太师，吾守吾节，死而后已，岂受汝等威胁耶！"

那年八月，颜真卿死于叛军之中，享年七十六岁，三军痛哭，朝廷罢朝五日。

后世人称：大义凛然千载。

从前有个五十岁的大叔，平时喝喝茶、念念诗，清晨黄昏，出门舞剑。

大叔不仅自己舞剑，还常喊他的好朋友一起玩儿。

好朋友不像他，无官一身轻，好朋友是大唐刺史，手底下无数百姓都靠他吃饭。

朋友摆摆手，说："算了算了，你先玩儿，等有空我一定陪你舞剑。"

大叔冷漠脸："哦。"

就这么着，大叔安度自己的晚年生活，不出意外的话，遛狗舞剑，喝茶吟诗，跟老婆子嬉笑，找俩儿子玩闹，一生说快也快，都匆匆过了。

奈何天下不太平。

桂林有八百兵丁，因为军方背约，迟迟不能换防回家，怒气难平，争执中杀了都头，最终决定要反。

本来朝廷已经准备赦免，但又有人想拿这八百人挣军功，发兵围剿。

结果没想到,这伙叛军里边有个叫庞勋的。

庞勋本来是个运粮小官,时势推着他,反围剿团灭了三千官兵,又先发制人,断江淮粮道,四处攻伐。

朋友镇守的城池也在庞勋的兵威笼罩之下,消息传来,朋友知道,不出数日,庞勋就会攻过来。

庞勋终于带兄弟们回了家,但再也回不到从前。庞勋开始膨胀,手下的弟兄们也越发猖狂,仿佛挥手间天下可定。

庞勋下了令,要把他领地内的那座孤城,彻底抹平。

孤城便是朋友的城。

叛军还没杀来的时候,大叔溜进了城里。

朋友一头雾水。

"你来干吗?"

大叔说:"来接你走啊,不然看你被困死城中吗?"

朋友无语了……

朋友笑了笑,说:"不必了,平日里吃朝廷俸禄,危难时就弃官而逃,我大唐的官员,不是这么当的。"

大叔一拍大腿,叫了声好,他说:"你等着,我回去安顿好妻小,再回来帮你!"

朋友说:"不是……你一个人能帮我干什么啊,你又没当官,你走就走啊……"

大叔白了他一眼,说:"行啦,我总不能看着你死吧?"

朋友欲言又止,心说:"那你来跟我一起死又有什么意义?"

但他终究没说,看大叔的背影渐行渐远之后,转身去城内备战。

当大叔再次回到孤城的时候,上万人的叛军已经杀到,百姓纷纷南逃,只有大叔一个负剑的身影,逆流北上。

那天,大叔提剑入孤城。

朋友叹了口气,说:"你来就来吧,提剑干吗,你还准备亲自去砍人不成?"

大叔嘿嘿一笑,没说话。

几个月来,叛军换了两个主帅,攻城兵马增加到数万人,大叔与朋友即便饱读兵书,但守城这件事,终究有时间限制。

因为毕竟粮食越打越少,士卒也越死越多。

想守城,势必要出城搬救兵。

某个深夜,大叔穿上铠甲,提着那把老年人练习用剑,就要纵马出城。

朋友一头雾水。

大叔笑了笑,拔出剑来,残破的城池里骤起一道月光,天地都无从闪避,只见一剑光寒。

大叔收剑,身前的巨石草木一分为二,朋友眨了眨眼,目瞪口呆。

大叔笑着说:"我先走了,定给你把援军叫来。"

那天大叔出城,恰好在淮南碰到了朝廷的援军,大叔万分欣喜地问:"什么时候动身?"

援军神色尴尬,他们说:"你先回去,我们休整下,马上就到。"

结果大叔回到孤城，援军还是迟迟不至。

朋友叹气，望着断壁残垣，说："我们尽力了。"

大叔呸了口痰，说："还没到死的时候，你让我出去，我必把援军找来！"

朋友说："前往徒还，今往何益？"

大叔说："必行得兵则生还，不得则死，走了。"

朋友眼眶一热，流着泪，伸手想抓一下大叔，大叔风风火火，已消失在城墙下。

那天大叔夜半翻墙，溜出重围，再到援军营寨，才知道是主将贪生怕死。

主将说："我们只有一千五百人，叛军数万人，怎么救得了呢？这位大爷不如坐下吃点饭，喝点酒，何必回去送死？"

大叔拍案而起，剑光一闪便横在主将颈上，怒喝道："孤城危在旦夕，你们奉召而来，逗留不进，辜负国恩，又岂配着军服，领三军？今天你若不发兵，我就先杀了你，再断臂谢罪！"

主将瑟瑟发抖，堂下寂寂无声。

须臾，主将颤声发兵五百。大叔收剑，仍是冷冷看着援军，大叔说："贼众我寡？我五百人足矣！"

遂带兵回城，朋友遥遥望见旗号，同时出兵，竟将叛军一举击败。

大叔浴血入城，朋友满眼热泪，大叔扬声长笑，说："这次要

237

能活下来,你可要跟我学剑!"

朋友重重点头,说:"学,学!"

几天之后,叛军再度攻来,五百人显然支撑不了太久,军粮也几乎耗尽,只能喝粥。

大叔提了剑,挥挥手,说:"我去搬救兵了。"

那副闲散的样子,像是从前他去朋友家里,说:"我来蹭官老爷的饭了。"

那天大叔佩剑提斧,乘一叶扁舟出城,砍断了叛军水栅,冲向淮南。叛军发觉,派五搜大船和五千人马追击。

史载:力斗三十余里,乃得免。

大叔又一次杀出重围,找到救兵,回城的路途被叛军阻断,众人面面相觑。

江风吹动大叔的长发,他扬剑长笑,说:"我孤身便能从这群乌合之众里杀出来,如今兵粮俱在,怕什么?"

遂引兵决战,杀敌六百,突入城中。

奈何也就在这个时候,叛军主帅庞勋用计,全歼官军三万人,自诩无敌于天下。

只剩这一座孤城。

于是攻城更急,大叔求来的军粮再次被吃光,所有人的目光都望向他。

大叔咧嘴一笑,说:"放心,附近的军粮都是我们的,我去了。"

朋友上前,想说不然别去了,但欲言又止。

大叔拍拍他的肩头,一阵长笑,说:"你放心吧!"

遂再度杀出重围,从浙西求来了援军和军粮。

但叛军也是有脾气的,让一个大爷七进七出,即便打下孤城也太丢脸了。

这次在孤城外的江面上,几艘大船横亘,铁索相连,将所有路途封尽,只等大叔自投罗网。

大叔还是回来了,他身后的援军见到这番景象,无人敢冲入罗网。

有人对大叔说:"不然走吧,看这模样,城想必是破了。"

大叔说:"你们不敢冲,就在这等着,看老子如何破阵入城!我若是胜了,你们跟我进城;我若是战败身死,你们各回各家便是!"

洪波涌起,波浪滔天,大叔乘舟逆流,带着十几个兄弟破浪向前!

叛军万箭齐发,箭上还燃着火焰,大叔左手长剑挥舞,右手又提起巨斧。

狂风铺面,大叔须发皆张,他大喝道:"我有一斧,破浪开山!"

轰然一声响,大叔一斧斩断了横江铁锁!

众人鼓噪而前,带援军与军粮杀入城中。

朋友在城头看着大叔,滚滚热泪落下,他大喊说:"有辛说在此,魑魅魍魉安敢猖狂!"

或许是这一战后叛军胆裂,此后再有援军抵达,大叔都能轻松杀出城外,接援军和军粮入城。

孤城拖住了叛军的精力,援军又源源不断从孤城这条路上杀来,叛军最终败亡了。

那年天下重见太平,大叔又能与朋友练剑喝茶了。不久之后,大叔升任岭南节度使,又为大唐的边境操碎了心。

大叔名叫辛谠,朋友叫作杜慆,在垂暮的大唐时代里,二人相视一笑,仍旧发出了夺目的光。

出自《资治通鉴》《新唐书》,斧劈铁索那段你们看看——浙西军惮其强,不敢进,谠曰:"我请为前锋,胜则继之,败则汝走。"犹不可。谠乃募选军中敢死士数十人,牒补职名,先以米舟三艘、盐舟一艘乘风逆流直进,贼夹攻之,矢著舟板如急雨。及锁,谠帅众死战,斧断其锁,乃得过。城上人喧呼动地,杜慆及将佐皆泣迎之。

大唐的倒数第二任皇帝唐昭宗，这一生是真的惨。

二十出头的年纪，长得相貌堂堂，面对残破的河山，满脑子都是力挽狂澜。

刚开始还卓有成效，把夺权的宦官给办了，又派兵把四川的乱兵给剿了。

结果宦官的干儿子带着兵马投奔了其他军阀，派去四川平叛的将军，自己宣布独立。

唐昭宗无语了……

想哭，没哭出来。

那会儿天下大乱，藩镇割据，唐昭宗心想：稳住这一波我还有机会。

机会就是最大的军阀李克用正被几路军阀围攻，焦头烂额。

唐昭宗当即拍板，灭了李克用，就能重振朝廷威望。

禁军杀了过去，碰见李克用的义子。

这位义子叫李存孝,十三太保李存孝那个李存孝,要不是朝廷领军的是宰相,李存孝决定给朝廷个面子,就直接生擒朝廷主帅了。

李存孝退兵五十里,任由朝廷兵马逃亡。

禁军欢天喜地地撤退了。

唐昭宗无语了……

从这以后,是个军阀就敢过来欺负唐昭宗。

显然,唐昭宗这个性子是不可能低头的,于是疯狂反击。

遂被暴揍,连自己都陷入敌手。

他开始成为各个军阀的傀儡。

唐昭宗的惨,就在于他不认命,他总是想摆脱这样的困境,想挣扎着重现大唐荣光。

无论他的操作是不是真的菜,这份心气儿还是不愧为大唐的君王。

那年军阀之一,后来的梁朝太祖朱温跑过来,要抢唐昭宗,挟天子以令诸侯。

彼时唐昭宗正在军阀的控制之下,这位军阀叫作李茂贞,两拨人就在长安城里打了起来。

李茂贞说朱温是:夺天子贼。

朱温说李茂贞是:劫天子贼。

天子就差骂街了。

最后朱温的兵马太快太强,李茂贞还没什么反应,就兵逼长安了。

那天正是冬至,唐昭宗没有饺子可吃,思政殿里起了火,他跷起一只脚,另一只脚踏在栏杆上。庭无群臣,旁无侍者。

火慢慢烧过来,他想:我还是大唐的天子,我岂能离开长安?

但不离开,就只能被烧死。

史载:与皇后、妃嫔、诸王百余人皆上马,恸哭声不绝,出门,回顾禁中,火已赫然。

这还不是最惨的,当他被挟持到凤翔时,城中断粮,朱温还在攻城。

城里已经公开卖人肉了,都快饿死了,人肉还只值一百文钱一斤,想来是不好吃的,汉尼拔估计还是缺乏历史经验。

唐昭宗也几乎饿死。

最终李茂贞投降,唐昭宗去往朱温的军中。

按理说经历这么多坎坷波折,是个人都支撑不住要随波浮沉了,唐昭宗还不。

彼时的长安城,早已不复当初。

往日九衢三市,草拥荒墟;当时万户千门,霜凝白骨。

后来朱温带唐昭宗去了洛阳,洛阳百姓跪倒在地齐呼万岁,唐昭宗哭着让他们起来。

他说:"我不复为尔主矣!"

但他还没有认输,好像无论多少风雨都不能让他放弃,他是大唐的子孙。

那天朱温迎他入军,场面还是要做到位的,朱温匍匐在地,请他过去。

阳光洒在朱温的背上,唐昭宗眯起眼来,他忽然发现自己的鞋带开了。

而他的身后,还有几名侍卫。

唐昭宗笑道:"爱卿来帮我系鞋带吧。"

朱温一怔,汗流浃背,缓缓过去给他上鞋带。唐昭宗微微侧目,给侍卫递了个眼神。

趁此良机,杀了朱温。

侍卫僵在那里,没敢动手。

时光仿佛凝固了,一直到朱温系完鞋带退回去,唐昭宗才长长呼吸出来。

又错过了一次,这会不会是最后一次机会呢?

那些年唐昭宗还不认输,还写衣带诏请其他藩镇勤王,被朱温截获。

之后的几天,唐昭宗发现自己身边的人都不太爱讲话了,他觉着似乎什么地方不太对,他拉过一个人来仔细看了两眼。

他霍然推开这个下人,这人他根本不认得!

原来朱温把他身边的人全杀了,换成了身材模样都差不多的其他人。

唐昭宗惨然笑着,还准备继续谋求机会。

可惜他再也没有机会了，很快他就引起了朱温的忌惮，派人将他杀死于宫中。

大唐，还是灭了。

出自《新唐书·本纪第十》《新唐书·杜让能传》《旧唐书》《资治通鉴》。

那天唐昭宗在大火里离开长安，《资治通鉴》有段记载，栩栩如生：是日冬至，上独坐思政殿，翘一足，一足踏栏干，庭无群臣，旁无侍者。顷之，不得已，与皇后、妃嫔、诸王百余人皆上马，恸哭声不绝，出门，回顾禁中，火已赫然。

【大唐豪侠的风姿】

从前有这么一对父子，爹行走江湖，是个禁欲系侠客，信奉能动手绝不手软。

日常生活就是站在木叶萧萧里，低头按剑，拔剑时，便分生死。

奈何儿子半点儿都不像他，贼能讲，读点书就开始问问题，一天到晚讲个不停，活像只苍蝇绕在耳边。

日暮的时候，父亲坐在山头看晚霞，满脸都是生无可恋。

儿子跳过来："老爹老爹，你又在想什么呀？"

父亲冷着脸："我在想为什么不能杀了你。"

儿子一头雾水。

儿子歪头想了半天，说："大概是因为人总有恻隐之心，又或者因为爹你活得比较久，这世间的侠义道德深入心底，你觉着我再怎么烦，也无法出手杀我。"

父亲一头雾水。

很多年以后，史书上记载这位儿子，用了一个极其不常见的词——能辩论。

我就很奇怪,能辩论有什么过人之处呢?

显然父亲也是这么想的,所以那年江湖人准备出手行侠的时候,主动忽略了儿子的提议。

那会儿天下不太平,安禄山作乱,派李廷伟招抚山东,鲁郡太守是个尿人,还要宴请。父亲就商量着和江湖人一起,刺杀叛将。

儿子跃跃欲试:"爹,你要不让我去跟李廷伟讲讲道理吧,说不定他就归降了呢!"

父亲像看智障一样看着儿子。

儿子说:"你要信我哟。"

话音未落,被父亲一剑敲晕。父亲把儿子交给朋友,全程只说了一个"走"字,一群人便浩荡出发了。

鲁郡的参军暗中相助,父亲潜到附近,李廷伟正推杯换盏,纵声大笑。

笑声未绝,剑光已起。

父亲那道剑光切金断玉,上决浮云,光华一闪而过,李廷伟的笑声还未停。

李廷伟慢慢转过头来,皱眉看着收剑入鞘的父亲,说:"你是来做什么的?"

这句话落地,李廷伟才发现面前的桌子正中开始出现缝隙,汤碗突然裂成两半,有汤水从桌子上汩汩流下。

李廷伟没由来地心慌,他猛地站起来,大喊了一声"来人"!

人还未至,李廷伟头皮发麻,恍惚见到一条血线从他头顶流下,顺过他的鼻梁、咽喉,将他断成两半。

轰然一声响,设宴的酒楼崩塌,父亲又喝了一声"杀",江湖豪侠斩尽李廷伟属下,扬长而去。

事后,鲁郡的参军和太守竟然都有升迁。儿子不服,说:"那个太守凭什么?"

彼时父亲已经准备南下,在顺流而下的舟上负手望天,浑然不在意背后浮名。

儿子了然,这是父亲把该做的都做了,旁人结果如何,他并不在意。

儿子笑起来,他说:"老爹,下次你让我试试,你看你年纪越来越大,总不能一辈子提剑吧?"

父亲说:"能。"

儿子无语了……

那儿子还能有什么话说? 只能笑着随父亲去往江南定居。

那些年里,儿子常在河边树下,读书长吟。有个尚书偶然路过,一番闲谈惊为天人。

遂送钱送物,儿子回家时父亲怔了半晌。

儿子笑道:"都是基本操作啦,你儿子才高八斗、学富五车,识货的当然会投资。"

父亲笑了笑,没再说话。

随后的日子里,父亲偶尔在外走走江湖,儿子大了,又有些自己的人脉,父亲便也没有时刻留意着他。

那年天下又不太平,有群盗匪在苏州、常州劫掠乡县,朝廷已经派人来征讨。

但显然父亲是不怎么相信朝廷的,他决定自己去刺杀盗匪的头目。

几天后,父亲就听到朝廷兵马驻扎、不再进攻的消息。父亲心想,果然还是要靠自己。

于是他慢慢赶路,调整自己的状态,他已经不再年轻,出一剑需要极大的心神。

半路上,他又听人说,原来朝廷不出兵,是因为有个书生说根本用不着出兵,他一个人就能把盗匪都给说服归降。

父亲心想:这种话朝廷都信?

朝廷信了,书生还没说服盗匪归降,先说服朝廷派来的兵马了。

父亲想起了儿子,心想是不是人读书太多,都会变傻。

须臾,父亲就突然反应过来,那该不会就是我儿子吧?

仔细打听,那书生名叫张建封,跟他儿子同名同姓……

父亲拔腿狂奔,还调整什么状态,那傻儿子要是死在盗匪军中,状态再好又有什么用?

最多也不过是杀光他们去给儿子陪葬,儿子仍旧无法死而复生。

那天父亲狂奔数百里,终于赶到了盗匪大营。

盗匪正在设宴,似乎载歌载舞,正在庆祝。

庆祝什么? 庆祝朝廷的使者被杀? 父亲感觉整个身子无比沉重,脚下仿佛已陷入地底,还在继续往无边的深渊沉去。

他深吸口气,握住剑柄,滔天的剑意横扫过江南春草,父亲所过之处一片枯黄。

剑意突兀停了。

盗匪的营帐被掀开,儿子喝得满面红光,说:"我不行了不行了,不胜酒力,以后有空我再来找你们玩儿。"

盗匪们轰然叫好。

父亲站在不远处一头雾水。

儿子也见到了父亲,问:"咦? 爹,你怎么在这啊? "

父亲无语了……

"赏月。"

儿子抬头看了看,苍穹如墨,月亮连个影都没有。

儿子就笑了笑,搂着父亲走出大营。

那年儿子一日说降数千人,纵归田里,就此扬名江南。

这大概就是史书里说的"能辩论"。

这位父亲叫张玠,儿子叫张建封,后来儿子镇守徐州十余年,击退叛军进攻,文武兼备,使徐州焕然一新。

父子俩偶尔会坐在屋檐下,看斜阳慢慢染红西山,父亲无言喝酒,儿子叽叽喳喳,诉说着长街烟火、云卷云舒。

相视一笑,便是浮生不老。

这几天冷空气南下,北京冷得厉害,就又让我想起前段时间,寒潮被秦岭挡住的照片。

那可真是,云横秦岭。

于是我就又想起那句诗:云横秦岭家何在,雪拥蓝关马不前。

这是韩愈被贬时写的。那他为什么被贬呢?这事就远了,像唐僧啊,六祖慧能啊,都应该负点责任。

韩愈反佛。

要说韩愈反佛,当然要先把佛门给大家介绍介绍。

佛教传过来,那还是汉朝的事。那会儿佛教还比较弱小,来传经的僧人也有点水土不服,直到魏晋时代,才开始出现佛门大师。

这大师精通道家玄学,又着手翻译佛家典籍,堪称佛道双修,一时间他翻译的经文广为流传,被大范围接受。

特别是东吴那边,孙权还支持僧人搞舍利,修佛寺。

不过毕竟还是有点依附儒道的意思，佛教还没成大气候。

只是接下来就不一样了，魏晋南北朝，几百年乱世，礼崩乐坏，儒家的纲常没用，道家的避世又不彻底，无论是百姓还是读书人，都需要点新东西安抚内心。

佛家得以迅速膨胀。

都说我们跟西方不同，从来没有被宗教把持过国家，其实南北朝的时候，佛教一度跟政治结合得十分紧密。

谈不上政教合一，但有那么点相互依存的意思了。

北魏时期的皇帝，除了天子还有个其他的称呼，叫当今如来。北魏官方还用佛教来教化百姓，一时之间，从上到下，全是佛门信徒。

像云冈石窟、龙门石窟，都是那会儿建的。

秦始皇修长城都修成暴君了，北魏这些皇帝疯狂让人开凿石窟，还善莫大焉，真是让我叹为观止。

官方都这样了，民间更是互相攀比，为了比邻居家供奉佛祖更多，建造的佛堂更大，耗尽家财，九死不悔。

还好北魏孝文帝冷静些，下令废除一切攀比之风。

但即使如此，北魏王朝礼佛的力度之大啊，《洛阳伽蓝记》里说："金刹与灵台比高，广殿共阿房等壮，岂止木衣绨绣，土被朱紫而已，京城表里，凡一千余寺。"

北朝有当今如来，南朝也不甘示弱，梁武帝号为菩萨皇帝。

和尚不能吃肉喝酒，就是梁武帝搞出来的戒律。

这位菩萨皇帝十分尊重佛门戒律，不仅自己受戒礼佛，还根据佛门戒律定过律法，连祭祀宗庙的时候，都不给祖宗吃肉了。

南朝四百八十寺，多少楼台烟雨中。

菩萨皇帝的手笔，丝毫不比当今如来的差。

当然随着改朝换代，也有开国的君主比较果断，像周武帝就力主灭佛，三百万佛门弟子全都回去种地或当兵，所有寺庙财产一律充公。

但很快，后边的周宣帝就又重新承认了佛教。

更不必说隋文帝杨坚从小就生活在般若寺里，更不可能灭佛，隋朝一统南北，佛门之间的交流就更加频繁。

直到数百年乱世彻底终结，大唐成立之后，佛门出现了一位名留千古的高僧。

高僧法号玄奘，二十多岁成为东土佛法第一人，然后抛下一切浮名与荣华，毅然西天取经。

回唐之后，玄奘创立法相宗，剖析一切法，得世间真相，开拓出通往大乘佛法的道路。唐太宗叹为观止，深加礼遇。

此后无论是唐高宗，还是武则天，都笃信佛法，大规模建造寺庙，还供奉佛骨。

当安史之乱后，南派的佛门之中又出现了一个天才。

那是真的天才，如果说法相宗要辨析一切外物才能明了本心，那就是要时时勤拂拭，莫使惹尘埃。

这原本已经是很高明的修身法门了。

奈何佛门之中还有更天才的人。

当时还很年轻的六祖慧能说："菩提本无树，明镜亦非台。本来无一物，何处染尘埃。"

不立文字，直指人心，见性成佛，六祖慧能创立禅宗，成倍扩增了佛门门徒。

从此修行不需要专程礼佛，甚至也不需要你听经，不需要你识文断字，你只需要虔诚就够了。

慧能所创立的禅宗还提倡一日不作，一日不食，你要在农事之中修行，要在每一件日常小事之中修行。

一时间大唐天下，尽是佛门子弟。

而且随着佛法的改良，一次比一次精深，越来越多的上层士大夫也开始接受佛法。

白居易说："外为君子儒，内修菩萨行。"

柳宗元说："因悟夫佛之道，可以转惑见为真智，即群迷为正觉，舍大暗为光明。"

如果没有人在此时站出来，抵挡佛门洪流，或许再有一场绵延几十年的乱世，南北朝的当今如来与菩萨皇帝，就又要重临世间。这片土地，也会成为政教依存的国度。

甚至不需要乱世。

只看当时唐朝的僧人数量与花费就能看出端倪，僧人二十余万,这些人不用交税,不用服徭役,朝廷还要用税收来养着他们。

一个僧人,一年花三万钱,五个百姓才能供养得起。

二十多万僧人,一年花费要七十八亿钱,要一百多万个百姓才能养得起。

而当时大唐户籍在册的人口,不过二三百万。

一半用来养僧人,一半用来维系这个国家。

那这究竟是谁的国度?

其实再仔细算算,除去僧侣、官员、王公贵族,大概落在皇帝内廷里的钱,可能还不如一家大寺庙的多。

朕的钱,朕的钱!他们分七成,朕才拿三成!

好吧,大唐的皇帝没有嘉靖对金钱这么敏锐,仍旧礼敬佛门。

天下事到了如此地步,谁来收拾呢?

自然是反佛战线第一人,文起八代之衰的韩愈,韩退之。

韩愈自小就是孤儿,发奋读书,参加过进士考试,吏部考试也考了很多年,三十五岁了,一贫如洗,刚转成监察御史,就开始怼王公贵族。

韩愈这人吧,别的不好说,性子是真的刚。

从来不怕惹事,也不怕面对后果,即使搞事的道路上只有他一个人,那也没关系。

他手把手教出徒弟来,跟自己一起搞事。

师者,传道受业解惑也。

韩愈直接在长安讲学。

那会儿讲学是件稀罕事,没人四处求学,也没人主动办学,以老师自居。

除了启蒙老师,再无成年人的切磋。

这时韩愈跳出来,说:"道之所存,师之所存,会面临一个什么样的局面呢?"

最近我才在柳宗元的一篇文章里窥见了一个答案。

那会儿也有人想拜师柳宗元,柳宗元写信婉拒了他,反正也指点探讨了文学,但老师的名号,他是不担的。

他说:"以前我听过蜀犬吠日,就是蜀地的狗很少见到太阳,乍见就汪汪狂叫。我被贬南越,那地儿很少下雪,一下雪也是冒出一群狗,疯了一样在叫。"

柳宗元说:"你听过韩愈吧?他现在就是蜀之日,君何必要我来做越之雪?"

日与雪固然没什么错,但疯狗实在太多。

韩愈不管,他只知道师道之不传也久矣,只知道佛门势大,再无儒者道统。

于是虽千万人吾往矣。

翻译翻译,文起八代之衰是怎样一个含金量啊!

反佛这件事上,韩愈深知什么叫把朋友搞得多多的,把敌人搞得少少的。

像别人跟高僧有交情,都是互相探讨佛法,韩愈跟高僧也有交情,但三天两头写诗,就是跟高僧说:"啊,你这么有才华有见识,不如还俗啊!"

还真被他挖来了几个墙角。

那个寻隐者不遇的贾岛,本来是个僧人,就被韩愈给劝还俗了,一力提携。

当然,这种操作也不可能有什么大规模成果,最多就是表明一下态度,真要起作用,那还是得杀伐果断。

四十岁左右的时候,韩愈当过祠部官员。

祠部原本是管理天下僧尼的一个部门,后来朝廷弄了个两街功德使来管僧尼。那这两街功德使一般是谁主管呢?

都是宦官。

啧,太监、和尚、尼姑,都是武侠小说里个顶个的高手。

显然,这种安排在韩愈眼里就显得极为智障,所以他上任之后,并没有遵从原本的权力交割,而是继续过问这些事务。

那两街功德使显然也不理他啊,这些宦官正偷摸着增加剃度数量,美滋滋地收取贿赂呢。韩愈派人从下到上捋了一遍,把两街功德使批准剃度的僧尼一律绑了,丢回家还俗。

又把最跳的几个贪赃枉法之徒揪出来,直接砍死。

雷厉风行,杀伐果断。

两街功德使当然不干,把韩愈给告了。本来这事韩愈服个软也就算了,但韩愈拒不服软,并开始与两街功德使对骂。

那显然,韩愈就又被贬官了。

这时候他大概也意识到,凭借一己之力,即使能身处什么重要岗位,也没办法完成反佛大业。

先前韩愈就上奏折、写散文,他文起八代之衰啊,批判佛门的文章海内皆知。

但他觉得这可能还是没到位,所以才势单力薄。

于是韩愈继续写,准备揭发佛门经义里的大罪,并点出儒家自身就具有完备性,天下读书人根本不用向什么佛门去寻求光明。

他说这天底下只有一个道,那就是仁义之道,佛门的相与法都是一家之私,从断情绝欲、割舍人伦出发,推而广之,自然就成了鱼肉百姓、为祸一方的大唐蛀虫。

所以佛门的解脱,是假解脱,只有儒家追求大道的路上,才能得真解脱。

那问题又来了:儒家追求仁义之道的路上,遭遇了黑暗怎么办呢?怎么才能调节七情六欲与本性之间的关系呢?又怎么拨开云雾见青天呢?

说实话,韩愈本人只意识到了佛门与儒家有不可调和的部分,但以他的哲学水平,实在是没法跟唐僧和慧能这样的人比。

所以后面的问题他压根没解决,只随便提出一种见解:仁义礼智信都是先验性的品质,从你一出生就刻在了你脑海里。至于七情六欲的调节,只要你充分接受教化,坚守本心,就能调节得好。如果调节不好，那证明你就是先天缺陷，十分愚钝。

我就一头雾水。

毫无说服力！

毫无理论水平！

可能韩愈这种人，凡事一个"莽"字就莽过去了，无论遇到什么事都是高歌猛进，完全不能考虑到怎么给人排忧解难。

所以很明显，韩愈文章写得极好，骂佛门骂得也很到位，但动摇不了佛门的理论基础。

没办法，韩愈左冲右突，像只孙猴子翻不出如来的五指山。

他想了很久，最终只剩下一个法子。

那就是他最熟悉的方法，他一向都是这样走过来的。

遇事不决莽一波，赌上自己的身家性命，不死不休，把事情闹个天翻地覆。

于是，就有了《谏迎佛骨表》。

那会儿蹉跎半生的韩愈，向来因为反藩镇、反宦官无出头之日，好不容易跟着淮西一场大捷升官了，步入中枢，还是那么义无反顾。

法门寺有释迦牟尼的指骨一节，号为舍利，每三十年出寺让人供养。当时天子信佛，派人持香花迎佛骨到宫里，要虔诚供养三日。

天子迎佛骨啊，这当然不是第一次了，可每次有这种事，都少不了百姓抛家舍业，王公贵族四处奔走，但求能一见佛骨，供养片刻。

天下如一锅沸腾的水，看着热闹，等热气落下去，水烧干了，就能见到满目疮痍的大地。

韩愈不想让这锅水再继续烧了。

如椽大笔一挥，《谏迎佛骨表》就递了上去。

开篇就石破天惊，说亘古以前，还没有如来佛呢，三皇五帝个个长寿，百姓安居乐业。汉明帝的时候，有佛法了。

你猜怎么着？汉明帝就只在位十八年，没了。

不仅他没了，天下还乱成一锅粥了。

后面宋齐梁陈，再加上北魏，供养佛门的，就没一个在位时间长的。

也就是菩萨皇帝梁武帝，在位四十八年，但他是怎么死的呢？被乱贼逼宫，活活饿死，很快梁朝也就完蛋了。

信佛求福是什么结果，陛下你看到了吧？

这段写完，又阐述了不少佛门弊端，还说佛祖不过就是一个夷狄之人，不通先王之道，不知君臣之义。就算他还活着，奉命而来，也就是把他叫进宫里，赐他点吃的喝的穿的，冲他点点头也就完了。怎么现在死都死了，枯朽之骨，反而成宝贝了？

要臣说，就该把这节骨头投诸水火，永绝根本，断天下之疑，绝后代之惑！佛如有灵，能作祸祟，凡有殃咎，皆加臣身！

上天鉴临，臣不怨悔。

这封《谏迎佛骨表》写得实在太好，气势磅礴，文起八代之衰绝非虚言。

但正因为写得太好，当时唐宪宗就更气，哆哆嗦嗦指着这奏表，说："韩退之几个意思，这是在咒朕短命吗？"

韩愈浑不在意，莽这一波的时候，估计他就已经想好怎么死了。

不过韩愈的才名实在太重，来给他求情的人也多，这才让他免了一死，被贬潮州。

于是就有了那首著名的诗——《左迁至蓝关示侄孙湘》。

一封朝奏九重天，夕贬潮阳路八千。

欲为圣明除弊事，肯将衰朽惜残年。

云横秦岭家何在，雪拥蓝关马不前。

知汝前来应有意，好收吾骨瘴江边。

当然啦，韩愈这次被贬也没死，后来还被调回去出使叛军，营救被叛军围困的将军。人都可惜可叹，觉得他将要一去不回，连皇帝都于心不忍，下令让他回来。

韩愈从始至终都是那个韩愈，头一抬，说："圣上叫我回去，那是圣上之仁；我为国不惜此身，那是我的本分！"

遂一头扎进叛军之中。

说是叛军，明面上还有个节度使的名头，不至于真的反了，只是不听号令，还把听令的人围困了而已。

面对刀剑,韩愈气势不泄半点,反而向前走了两步,问他们是当真要反吗?从安禄山到淮西一战,反了的人尔等见谁还在?

一群人面面相觑,为首的用大笑掩饰尴尬,揽着韩愈去喝酒。

然后对那位被困将军的突围,睁只眼闭只眼地放了。

只不过太过刚烈的韩愈,很容易在党争猖獗的中唐被陷害,很快他就因为不参谒宦官被人记在了心里,被赶出了朝廷,最终病逝家中。

但韩愈的师道,他的一身不屈骨、一口刚烈气,都永远伸张在天地间。

正如虽然佛门当初没受什么动摇,但只要有人提起佛门的时候,就总会同时想起韩愈来。

这就给天下读书人心中,埋下了一颗深深的种子。

这颗种子在韩愈死后二十年第一次引爆。唐武宗大力灭佛,拆四千六百多座寺庙、四万所僧居,没收佛门良田数千万顷。

这颗种子还在很多年后的宋朝又被挖出来。朱熹多次提起韩愈,力主排佛,终究为儒家扛起了新的大旗。

虽然朱熹的理学也被后世曲解附会成了另一种诡异的模样,但佛门,自此跟统治这片土地,彻底无缘了。

【守一城而震天下】

从前有个汉子,小时候喜欢读杂书,结交三教九流,搞得他家里人都很头疼。

蹉跎到三十几岁,这人才中了进士,外放去当县令。

家里人自然是挺愁,他却仍旧很开心。有点银子就请人吃饭,谁打他那儿经过,有麻烦有危难,他都会替人解决。

这种性子,怎么看都像个反派,日后会造反的那种。

此人后来被派去另一个地方,那儿有个豪强是地头蛇,姓华,传说是流水的县令,铁打的老爷。

汉子说:"哟,厉害呀。"

华老爷说:"不服?"

汉子不服,拔刀就砍了华老爷,顺手赦免了华老爷的部下。

我一头雾水。

这段事没什么相关记载,但反正不可能就这么轻易解决掉,不过这一幕也经常在历史中上演,大抵是一部《让子弹飞》。

反正主角就算不是那种会造反的汉子,也该是草莽里的大侠。

你让他安安稳稳当县令,不存在的,他一定会搞出事来。

好在,还不等他搞出事来,天下就有事搞他了。

叛军北来,一路杀到了他的面前。

那年他四十八岁,年少时读过的杂书终于派上用场,任侠助人时磨炼出的身手,也终于找到归属。

原来命运给他的一切,都早有安排。

那年他以三千兵马,抵挡数万大军,每每身先士卒,带伤十几处,仍旧酣战不休。

这么说吧,草船借箭其实是他的原创。

叛军知道城中人马不多,所以防备松懈。汉子浑身是胆,笃定这一点,连夜带人袭营。

大胜。

第二天晚上,城头上又落下一道道人影,对面叛军头子吐出口痰,说:"你莫不是当我智障?"

于是下令放箭。

结果后来才发现,汉子放下来的都是稻草人,还扯着绳子,一提就提上来满满敌营的箭。

叛军头子无语了:"我检讨,是我智障。"

还没完,以后每天城头上都吊着稻草人。叛军放松戒备之后,汉子又搞了波袭营。

叛军头子无语了……

叛军头子一摔兵器:"搞什么啊! 不带这么要猴的,有意思吗?"

还有内部将领想投降的,汉子都假意答应,第二天布置好大堂,挂着皇帝画像,先营造了一波国破家亡的气氛。

然后声色俱厉,骂了想投降的将领一顿。

那种气氛之下,群情激奋,顺手就把将领们斩了,人心大定。

我猜汉子小时候一定还读过纵横家。

汉子要猴一样,转战三地,身边的朋友也都强无敌,有脸上中了六箭仍旧屹立不动的,有白衣单骑、神箭无双的。

奈何打退了一波又一波的叛军,两年时间,前后抵挡总计二十余万兵马,最终还是断粮了。

断粮,无援,身后是整个淮南粮仓,丢了就天下涂炭,再无回天之力。

多守一天,就多一分希望。

但这个时候还能怎么守呢?

其实还有一个办法,一个让汉子被骂了上千年的办法。

吃人。

吃人来当粮饷,还能多撑一段时间。

这个汉子当然就是张巡,安史之乱,守一城而震天下的张巡。

那个吃人的决定,正是他下的。

其实如果就这样放弃了,即使真的天下沦丧,也没人会说他张巡没有尽心竭力。

但他还是下令吃人。

或许张巡不能叫作英雄,但他至少是个真豪杰。

为什么?

我们换个思路来想,他吃人以后坚守两个月,直到城破。而三日以后,援军才到,此后大举反攻,安史之乱遂停。

如果不吃人,叛军南下,天下一定会乱更久。

但我不是要说因为他有这样的功绩,所以他是豪杰,豪杰从来不是看功绩的。

而是让我们反过来想一下,倘若张巡顶住了这样的压力,明知天下会乱更久,会死更多的人,他还是坚决下令,不能吃人,那他算不算豪杰?

我同样认为他是。

无论他选哪个,都会有万世骂名。唯有一死以谢天下,才是容易的。

但那就是逃避。

而张巡做了选择。

唯真豪杰能见本色,无论选了哪个,当你面对人生中的困境,仿佛怎么走都是错的时候,还是要破釜沉舟,鲁莽总比怯懦更接近勇敢。

从前有个书生,诗书礼义读罢,楼头明月正清。

他想啊,这世上该有我的名号,我要匡时济世,扬名天下。

于是他收拾起心中的山川丘壑,端起笔砚,进京赶考。

这是无数书生的日常,他们中的人有的中了进士,有的邂逅了爱情,还有的落榜之后因为长得好看被天子叫进宫当了太监。

蔡伦一头雾水。

扯远了,我们今天的这位书生比较幸运,中了进士,得以入朝为官。

几年后他才发现,原来这个世界跟他想的是不一样的。

那会儿他在刑部还是大理寺来着,从事法律工作,天天对着唐律,眉头皱得像可达鸭。

书生想:这都什么玩意儿,前后矛盾,漏洞百出。

奈何还轮不到他来修订律令。

他就只能熬资历,呆呆地等着案件上门。

少年热血,就都冷在这样的岁月里。

那年长安城里出了个小案子,是一个姓康的大爷借钱给了他朋友,等啊等,岁月如梭,也没见这朋友还钱。

自古至今,欠钱的都是大爷。

那日在街头,醉酒的朋友见到了康大爷,还笑着过去问他,说:"怎么着,又来找我要钱?你再借我点儿,我不就有钱还你了?"

康大爷看他醉得跟跄,心想这次又凉了,抬脚就要走。

然则这货伸手就揽住了康大爷的脖子,咧着嘴笑,说:"你别走啊,我还没还你钱呢。"

醉意醺然,这货用力便没轻重,臂弯勒紧了康大爷的脖子,眼看就要把康大爷勒死。

与康大爷同行的,还有康大爷的儿子,年方十四。

论力气,儿子推不开醉汉;开口呼喊,四周人也不愿惹上麻烦。

儿子咬咬牙,心一横,拎起街边的农具就砸在醉汉脑袋上。

醉汉,卒。

这事就闹大了,好在这当儿子的骨硬非常,在公堂上大声说:"我一人做事一人当,杀人偿命,我愿赴死。"

层层上报,案子交到书生手上的时候,经手官员都决定多一事不如少一事,这小子都愿意偿命了,就如他所请吧。

更何况,以唐律论,故意杀人也是死罪。

书生不这么觉得。

书生觉得唐律就宛如智障。

写故意伤人罪时,假如你是为了自卫,为了保护父母,罪减三等,至多不过罚金。

结果出了死人,就突然不减罪了,突然就按故意杀人罪论了。

死者自然有理的话,还要律条何用?

经年的愤愤不平,在书生的笔下挥洒出来,他要把这个案子的结果,变上一变。

喷够了唐律和官员,书生冷静下来。

他觉得这样的奏折递上去,八成改不了这个案子,自己还得被免官。

书生叹了口气,开始补充说明。

说这儿子为父出手,还愿以命相偿,这乃是大孝。如此孝子,必出于盛世,是朝廷的天恩浩荡啊。

书生瞅着奏折,翻了个白眼。

行吧,救人嘛,不寒碜,收工睡觉。

这封奏折递上去,康大爷的儿子果然就被无罪释放了,老康、小康呜呜哭着就要来找书生。

书生笑呵呵的,那天的阳光温暖,他又对明日充满了希望。

或许是因为这封奏疏,或许是因为书生笃行忠直,他入了朝廷的眼,升职成监察御史。

同僚对书生说:"现今已经不是太宗时,做监察御史,一定要谨言慎行。"

书生笑了笑说:"谨言慎行,那还是监察御史吗?"

同僚急了,说:"如今藩镇割据,朝野错综复杂,一步踏错,就万劫不复。"

书生点点头说:"放心,我会谨言慎行的。"

不久后,有位驸马作威作福,侵占百姓土地。

这驸马是忠良之后,忠良不像其他的藩镇,世代割据,而是举镇回归了朝廷。

忠良死后,朝廷自然要好好对这个后人。

驸马都当了,侵占土地这事也就睁只眼闭只眼了,随便叫人查查,意思意思得了。

结果就叫了书生去查。

书生无语了:"你让我查的啊。"

朝廷无语了……隐隐有种不妙的预感。

书生果然谨言慎行,查得一丝不苟,拿证据说话,拿数据说理,把驸马的罪责一条条摆了出来。

朝廷无语了……

驸马勃然大怒,纠结党羽,反咬一口,把书生给罢了官。

很多年以后,民怨沸腾,驸马瑟瑟发抖,才把土地还了回去,书生的冤情这才得以洗脱。

而书生此时身在何处，已经无人知晓了。

匡时济世，扬名天下，我已经尽力了。

曾救人性命，挥斥方遒，奈何吾道不行，则寄身于山川而已。

书生名叫孙革，在《旧唐书》中有他的这两段故事，却没有他的列传。

只是这个人其实也一直藏在我们的记忆之中。

孙革晚年闲游山水，喜欢访隐寻仙，他有一段寻隐者不遇的小故事，被贾岛写成了诗。

松下问童子，言师采药去。只在此山中，云深不知处。

这首诗还有另一个名字，叫《孙革访羊尊师》。

倘若青史是座山，孙革的踪影，大概也只在此山中，云深不知处。

我画蛇添足，总觉得这样的书生还会在云深不知处回过头来，冲岁月这头的我们，颔首微笑。

那个历史上的唐三藏,仿佛朗月入尘,不仅潇洒沉静,还让人过目不忘。他身在长安时,宛如古言小说的男主,二十三岁便名扬天下。

非要西天取经。

历史上的西天取经,也没有什么妖魔鬼怪,只有痴妄而浅薄的人心,混杂着无垠的流沙与飞雪,去拉扯唐僧的脚步。

漫漫长路走过去,留下不朽的传说。

那年长安城里烧香散花,烟气响动,天边有五色绮云,飘于日下。

玄奘双手合十,回到家乡,恍惚间见到十三岁的自己初入佛门时说:"此生愿承如来远志,弘扬佛法,普度众生。"

三十年来如一梦,他在西域广施经义,改变了无数国家的风俗,那些曾经崇尚暴力的,习惯恶言相向的,举火闹事的,都因他而改变。

无数百姓因此而活,无数经义传回大唐,于当世有功,后代有德。

西行一路十六年,人间寂寥,尘事苍茫,那颗坠入天地间的朗月,仍旧不杂尘埃,遗世而独立。

所以写下了这个和尚的寥寥几步路,做成这个合集。参考的史料,基本都在《大唐大慈恩寺三藏法师传》里。

于是我也顺便整理了部分原文,大概只有十分之一的内容。

那个"若一去不回,便一去不回"的人其实是玄奘。齐天大圣只不过是一个代号,它代指永不言弃、不负初心的英雄。

神通广大的美猴王不曾存在过,但齐天大圣早已扎根在玄奘心中。

扎根在一代代在荒原上跋涉,在暗夜里举火的英雄心中。

1.古言男主

从前有个和尚,眉清目秀,不染尘埃,是天地间的良玉,汇聚了星辰的光。

和尚是正经和尚,从小就是禁欲系,沉迷圣贤之书,对父亲说自己要做圣贤。

于是窗外的车马声、歌女的红袖招,和尚便都充耳不闻。

小和尚十岁那年,父亲病逝,已经出家的二哥带他回净土寺中居住。

暮鼓晨钟，林雾袅袅，小和尚想：我是被佛门救下的众生之一。

三年后，小和尚便下定决心出家。

只是那些年里，僧人不当兵，不交税，还有信仰加持，朝廷对出家这件事多有限制。

十三岁这个年龄，是无论如何都不能出家的。

负责招收僧人的，是大理寺卿郑善果，老郑以知人善任为名。那些想逃避兵役赋税的，都被老郑退了回去。

只有那些真正想远离红尘，被纷扰困身的，才能出家为僧。

那天小和尚因为年龄，被拒之门外。他久久不愿离去，立于松树下，衣衫飘动在风里。

黄昏日落时，老郑终于没有忍住，一声长叹，走到小和尚身边。

老郑问："你想出家？"

小和尚坚定地点了点头。

老郑问："那是为什么呀？是你家里人让你来的？"

小和尚摇头道："是我自己要来的，我想承如来远志，弘扬佛法，普度众生。"

小和尚说得很平静，很自然，点墨般的眸子望向郑善果，让后者不由得失了神。

那天郑善果破例，让小和尚入了庙，具体原因除了小和尚胸怀大志,还因为他长得帅:"果深嘉其志,又贤其器貌。"

这样一位本可以卖脸为生,活在各种古言小说里的和尚,还有个更逆天的技能。

过目不忘。

过目不忘也就算了,还天天捧着经卷,废寝忘食,彻夜诵读。

于是小和尚的水平疯涨,经常替师父讲经,讲得比师父还要透彻,十几岁的年纪,已经扬名洛阳。

此后小和尚又前往蜀中求学,浪迹天下,但求能将佛法精义,了然于心。

那会儿大唐刚刚建国,对各地的出入境都有限制,小和尚便偷偷藏在商队里,混出蜀中。

小和尚在天皇寺落脚,彼时他二十三岁,已经名满江南。天皇寺惊喜交加,当场大肆宣传,要请小和尚讲经。

小和尚是偷偷跑来的,但念及不少沉沦苦海的百姓都闻讯赶来,他还是决定出面讲经。

那天小和尚舌灿莲花,解惑传道,有些与小和尚对谈的百姓突然顿悟,悲从中来,号啕大哭。

那几天里,汉阳王李瑰都亲自前来听经,声势浩大,小和尚不卑不亢,面不改色。

几天后人潮散去,布施的燃灯钱堆积如山。小和尚笑了笑,都留给了天皇寺。

有汉阳王的默许，小和尚很快顺利抵达长安。

长安城大，居之不易，那是秦叔宝、程咬金出生入死才能在长街上驰骋的地方。或许小和尚还经历过几场辩难，落叶飞花里，有显贵家中的小姐偷偷观望，心生欢喜。

奈何小和尚此生已许佛，再难许卿。

几天后，如果有几场辩难的话，小和尚大抵都已赢了。他大爱众生，心中无敌，自然也就所向无敌。

他见到了长安的两位高僧，高僧倾囊相授，几天的工夫，就变成了三人一起切磋佛法。

两位高僧看着面如冠玉的小和尚，不禁摇头苦笑，说："老了，你才是佛门千里驹啊，只可惜我们等不到看你把佛门发扬光大的那天了。"

有两位高僧这句话，二十三岁的小和尚名扬天下，大唐但有寺庙处，便有小和尚的名字。

这位像极了古言男主的和尚，俗名陈祎，他有个更加广为人知的名字，叫作唐僧。

那年和尚名满天下，却也踏遍中原，深知佛法未尽，无法给僧人众生解惑。各地经卷，多有冲突，和尚发下宏愿，要去西天取经。

那些声名富贵，尊崇地位，都只如过眼烟云。

只可惜大唐初立，对边境封锁得严，和尚几次向朝廷请命外出，都被驳回。

于是滞留长安,足有四五年。唐僧决定,不能再等下去了,即便没有一文钱的支援,徒步跋涉也要抵达天竺。

那年和尚二十八岁,藏身长安城的饥民队伍之中,混出了城门。

回望长安城,和尚深吸口气,前路漫漫,有无数艰难,死在路上的先人不知凡几,他问自己道:"玄奘,你当真想好了吗?"

秋风瑟瑟吹来,和尚想起十五年前自己出家时所说的话:"我要承如来远志,弘扬佛法,普度众生。"

他笑了笑,迎着封锁的边关,万里的风沙,战乱的西域各国,低眉向西。

2.从来不曾有过的齐天大圣

那年和尚二十八岁,面如冠玉,佛法精深,名满天下。

他抛下这一切,要偷渡出境,去西天取经。

大唐刚刚立国,边境封锁得严。和尚这次西行九死一生,即便回来,也有可能被开刀问斩。

和尚抖抖袈裟,低眉微笑,径直向西。

昨日已经说过,这位古言男主般的和尚,便是唐僧,唐三藏。

玄奘从长安走到凉州,凉州的风里有沙尘的气息,胡人遍布长街,往来不绝。

他的名望追着他，也从长安赶来，凉州的各界人士，都希望他能在凉州说法。

和尚远眺关外的风沙，笑道："贫僧即将西行，或许再不能重回大唐，这次讲经，给我留多点儿时间吧。"

那年，玄奘在凉州讲经月余，又有无数布施堆在坛下，和尚取了一半当路费，剩下的都留给凉州。

来往胡商都知道有这么个大师要去往自己的国家，纷纷赶回各自国内，大肆宣扬，西域各国大多都欢欣等候。

奈何消息能被西域各国知道，那边关的守将势必也知道了。

那天凉州都督李大亮请玄奘入府，先恭维了片刻，又目光灼灼，问法师想去往何处。

和尚说："西天取经。"

李大亮皮笑肉不笑："朝廷边境戒严，不如法师等几年再走吧，不然上面怪罪下来，李某担待不起。"

和尚说："长路漫漫，何年何月才能赶回，贫僧不能料知，所以贫僧无法在长安几年坐等，请施主见谅。"

李大亮还在笑着，眼底已有寒光，他喊了声："来啊，送法师回京！"

就有三五大汉拥出来，伸手对玄奘道："请！"

玄奘念了声佛号，笑道："我的行李尚在寺中，还要先回庙里。"

李大亮挥手,让手下带玄奘去了。

然后玄奘就溜了。

李大亮一头雾水。

玄奘从庙里绕了绕,在住持和两个小和尚的掩护下脱身而出。白日里露宿街头陋巷,偶尔落脚客栈,躲避着李大亮的追堵。

星河高悬时,玄奘才站起身,继续西行。

或许是玄奘的行踪诡秘,反侦查技术卓越,又或许是李大亮想通了,不再加派人手,只装作没见到玄奘,真出了事,也能说一句不知者不罪。

玄奘昼伏夜出,竟然就这么走出凉州,来到了瓜州。瓜州刺史,还是玄奘的粉丝,积极帮他出谋划策,考虑怎么穿过沙漠,怎么通过戒备森严的五座烽火台。

谋划半天之后,结果是——没辙。

玄奘无语了……

刺史盛情款待着玄奘,说:"不急,您就先在我这儿等着,好吃好喝,咱们过会儿再走。"

待了几个月,不知和尚有没有察觉,其实这个状况有点像刘备,被荣华富贵困在江东。

只是玄奘终究比刘备还狠,时刻都想着出关。

那年凉州追捕的公文到了,瓜州有个小吏,也是玄奘的粉丝,颠颠地跑过来问:"法师,这里边通缉的人是不是你?"

玄奘沉吟片刻,点了点头:"正是贫僧。"

小吏倒吸一口凉气:"迢迢万里,法师真要去西天取经?"

玄奘说:"这些事总要有人做的。"

小吏沉默良久,突然把追捕公文给撕了。小吏对和尚说:"还请法师尽快出行,我尽力给您拖着。"

玄奘双手合十,念了声佛号。

无论前路多么难闯,和尚都必须要去了。那位传说中的猴子,终于在此时出场。

猴子叫石磐陀,长得像只猴子,来听和尚讲经之后,颇为折服,愿拜和尚为师,随和尚共赴前路。

猴子还带来了白龙马,这匹马往返西域几十次,老马识途。

记住这匹白龙马,它后来救了和尚的命。

于是玄奘带着一人一马,离开瓜州。从玉门关离去显然不可能,猴子劈树做舟,找到大河的浅处,带玄奘绕过了玉门关。

关外风沙漫天,天高云阔,百里无人。

玄奘长出口气,但觉既能出境,前路也大可去得,只是猴子却胆战心惊。

木筏过河已是弄险,前面五座烽火台,还能过得去吗?

那天深夜的时候,猴子深吸口气,缓缓提起了刀,目光闪烁,向着玄奘走去。

玄奘若有所察,陡然睁开眼,恰见猴子在不远处提刀徘徊。

玄奘眯起眼来,慢慢坐起身子,默念经文。

这大抵算是紧箍咒,让猴子刹那间找回本心,吐出胸中浊气,收刀躺了回去。

次日玄奘若无其事,收拾行李,准备继续出发,再回首时却发现猴子怎么也不走了。

猴子道:"前路再无水草,想取水只能潜入五座烽火台下,一旦被发觉,有可能会当场被射杀。法师,不要再走了。"

玄奘笑了笑说:"没事,那你回去吧。"

猴子发起狠来说:"法师你别装了,你难道不怕死吗?跟我回去,什么事都没有!"

刀光一闪,猴子的刀已经横在了和尚颈上。

和尚面不改色,笑了笑说:"不至天竺,我是不会回去的。"

猴子望着玄奘平静的面容,拿刀的手不住颤抖,突然号啕大哭起来,说:"师父,我还有家室,我走不了啊!一旦被人知道是我送你出关的,我会有灭族之祸啊!"

玄奘叹了口气,说:"你拿刀横在我颈上,我都不曾惧怕,又为什么会出卖你呢?"

和尚指天发誓:"纵使切割此身如尘埃,终不相负。"

猴子流泪叩头,终于又走回国内。

前方是五座烽火台,戒备森严,从来都没有神通广大的齐天大圣。风沙扑面里,只有玄奘自己,和身旁一匹老马,继续西行。

3.长得帅还是硬道理

玉门关外,还有五座烽火台,茫茫沙漠里,还有数不尽的艰险。

和尚掸了掸僧袍上的沙,向西跋涉着。

和尚是偷渡出境的,那会儿大唐建国不久,边境戒严。所以和尚只要经过烽火台,势必会被遣返。

但只有烽火台下有水,和尚不能不去。

玄奘看见沙漠里的森森白骨、零落马粪,还有恍惚间出现的海市蜃楼:马贼和商队在眼前交错,倏忽千变,走近又一无所有。

和尚怔在那里,他从没见过这样的景象,他闭上双眼,感受到阳光炽烈,世界都被烤得不再真实。

和尚双手合十,大汗淋漓,他对自己说:"佛在心头,勿忧勿怖。"

玄奘再度睁开眼的时候,他拉了拉缰绳,目光又沉静下来,他说:"走吧。"

老马打了个响鼻,慢腾腾从后面跟着。

那个深夜里,和尚终于抵达第一座烽火台,他藏身在烽火台下,正准备解囊取水,耳边突有风声尖啸。

和尚眉头一跳,那支利箭擦着他的膝盖飞过去,烽火台上星星点点,那是随时准备离弦的箭!

玄奘猛地翻身,紧贴在墙壁上,又是一箭飒然飞来,在他眼前坠落。

和尚心惊肉跳,思路却很清明。烽火台人迹罕至,他行踪诡秘,多半被当成了敌军细作。

和尚深吸口气,平复呼吸,在第三箭射来之前扬声大喊:"贫僧自大唐长安而来,愿进城拜会校尉!"

他清越的声音回荡在夜空里,止住即将射来的第三箭。须臾之后人潮涌动,校尉王祥带着大唐官兵出门见他。

火光照在他的脸上,玄奘亭亭独秀,不杂尘埃,王祥倒吸一口凉气。

王祥心想:长这么帅,确实不像我们西边的僧人啊。他问玄奘:"长安城多好的地方,你来这做什么?"

玄奘笑着反问:"校尉可曾听凉州的胡人说起,有个和尚要去西天取经?"

王祥说:"那傻子不是已经回去了吗?"

玄奘无语了……

玄奘默默拿出行李中的经文,上面还有他的名字。王祥愣了几秒,一拍大腿:"原来您就是那个傻子啊!"

王祥又扇了自己一巴掌:"呸!法师过玉门,渡流沙,我是傻子,我是傻子。不过法师啊,前路漫漫,您是真不好走。"

玄奘笑了笑说:"贫僧晓得。"

王祥沉吟道:"法师,要不这样,我也不捉拿您,我是敦煌人，我可以派人回家，带您到敦煌。敦煌也有张皎法师，见到您肯定百般供奉，如何？"

玄奘笑道："贫僧家住洛阳，少而慕道，行走中原，出蜀中，过荆襄，二十三岁扬名长安，勉强算得上大唐高僧。贫僧若是考虑名位奉养，何必去敦煌，大唐天下，何处不可容身？

"贫僧西行，是为求佛法精义。誓不东归一步以负初心。"

王祥动容："弟子此生能遇见法师这样的人，幸何如焉！"

遂给玄奘安排住宿宴席，指出条直通第四烽的小路，还说："第四烽的校尉是我兄弟，您尽管说是我放你过去的，他肯定放行！"

玄奘双手合十："多谢施主。"

其实有些事就是这样，你遥望远方时，千难万险，但你踏步上前，会发现许多关卡都迎刃而解，只可惜很少有人会拥有上前的勇气。

玄奘从第一烽到了第四烽，第四烽的校尉给他指出条路，从那里能抵达野马泉，补给水草。

于是五座烽火台，和尚只走了两座，便迎向万里的黄沙。

和尚笑了笑，不久前自己还困在瓜州，如今前往长路一望无垠，恍如隔世。

几个时辰后，和尚蒙了。

四周黄沙漫天飞扬，和尚走了几百里路，发现还没找到野马泉。

和尚想:这怕是迷路了。

沙漠里迷路,大概离死也就不远了。

和尚有点慌,想喝口水压压惊,手一抖,水囊又落在地上,清水如月光般洒了满地。

和尚脑子一片空白,只道自己真的要死了。

风沙呼啸,和尚四周的景象是这样的:四顾茫然,人鸟俱绝。夜则妖魑举火,烂若繁星;昼则惊风拥沙,散如时雨。

和尚想:不如先回第四烽,再找野马泉。

和尚转过身去,风沙都在他背后送他,那十多里东归的路,走得分外顺畅。

走出十多里地,玄奘脑海中突兀响起一句话,那是不久前他对王祥说的。

贫僧西行,誓不东归一步以负初心。

玄奘问自己:"你现在是去向何方? 是要逃命东归吗? 即便这次回去,过得了野马泉,前方漫漫长路,每次都要逃命东归吗?"

和尚沉默良久,他拍了拍老马,又转头向西,刚刚转过头去,黄沙便扑面打来。

和尚道:"老马,走吧!"

万里流沙路,没有沙僧从底下冒出,只有回首向西的和尚,举步踏沙。

显然,既没有沙僧,更没有神通,人几天几夜不喝水,是会死的。

那天,玄奘晕倒在流沙之上。

4.那场不能相赴的三年之约

那年玄奘晕倒在流沙之上,人间从来没有孙悟空,更没有猪八戒和沙悟净。

只有一匹马,年老体衰。

半夜有凉风吹来,和尚才悠悠转醒,他晃了晃脑袋,又扯着缰绳站起来,踉踉跄跄,还要跟老马一路向西。

和尚眼眸里的光忽明忽灭,像是即将坠落的星辰。老马静静看着身前的和尚,随他一步步挪向西方。

突兀的,老马不动了。

和尚本就没有多大力气,扯不动老马,他只能苦笑。沙漠里五天不曾喝水,他干哑的嗓子连话都说不出来。

老马打个响鼻,往回扯了扯缰绳。

和尚一头雾水。

老马用力一扯缰绳,把和尚带到了身边。和尚恍惚间明白了什么,鬼使神差地,坐上了这匹赤马的马背。

老马长嘶一声,猛地发足狂奔起来,岁月的流逝似乎在它身上消失了,它又像壮年的千里马,火焰般地掠过流沙。

西天路上没有三个徒弟,甚至没有白龙马,不过我这匹往返沙漠几十次的老马，姑且救你一命吧。

老马停在了一汪绿洲水草之前。扑通，老马停得太急，和尚摔下马来。

和尚满脸的黄沙，见到不远处的水泉，抬首怔住。老马悠悠跛着步子，已经饮起了水，它还回头望和尚一眼，像是在喊他。

就这么着，玄奘终于跋涉过流沙，来到西域各国的地盘里。

和尚第一个抵达的地方是伊吾，没啥大事，我们着重讲讲女儿国国王，啊呸，高昌国国王。

从前有个国王，别人都是一见钟情，他是听到别人的名字，就钟情了。

国王年轻那会儿，曾经在长安洛阳游历，着实听过不少高僧讲经。

国王觉着讲经这东西是挺有意思的，但讲经的高僧都很无聊。

回到自家国土之后，他偶尔也会留意东方有没有新冒出来的高僧经义。

结果他就听到了一个名字。

玄奘。

国王说："天哪！这名字这么好听的吗？这人是谁啊？我怎么没见过？"

国王说："天哪！他才二十三岁？二十三就是名震大唐的一代高僧啦？"

国王说:"啊……好想见他一面啊……"

从此以后,国王每次听到"玄奘"这俩字,都眉开眼笑,恨不能手舞足蹈。

终于! 国王从胡商那儿听闻,玄奘要去西天取经。

国王说:"来人! 一定要接到法师! "

就这么着,玄奘在伊吾的时候,碰见了国王派来的使者。

国王听到玄奘就快要到了,又紧张又兴奋,抓着侍卫就晃,说:"我该怎么做才能给他留下好印象,你说呀说呀。"

侍卫无语了……

那天深夜,国王大开城门,带着王后妃子,亲自出城迎接玄奘。

月光漫洒,和尚宛如流云飘入俗世,眉眼里倒映三千世界,不杂尘埃。他双手合十,微微笑道:"阿弥陀佛。"

国王倒吸一口凉气,纷扰红尘刹那消散,眼前只剩下这个名叫玄奘的和尚。

当夜,国王就听了一整晚的经。

那些天里,国王好吃好喝伺候着玄奘,有时留下一起吃饭,还会感慨唏嘘说:"这路上万般艰险,法师至此得有多苦啊。"

传曰:流泪称叹不能已。

玄奘沉默了些天,觉着事情不太对,正准备辞行的时候,国王又特地请来两位高僧,与他一起探讨佛法。

二僧言谈间都是赞叹,无意间提起,想请玄奘留下讲经。

玄奘叹道："两位请国王来吧，王恩似海，贫僧须得亲自向他辞行。"

两位老僧面面相觑，还是将国王请了来。

国王脸上都是笑，还带着一堆好吃的，说："高昌国也有许多僧众，法师多住几天吧。"

玄奘目光里仍旧不杂尘埃，他道："国王既然懂我，该知留不住我。"

国王肚子里的那些话，因此戛然而止。

良久的静寂过后，国王看着玄奘道："弟子定会留住法师，江山可改，此心不移。法师若执意要走，休怪弟子将法师遣送回国，坏法师取经大业！"

玄奘闭目道："贫僧此行只为求法，国王即便留得住贫僧，也只能留住一具枯骨罢了。"

半晌，国王眼里流下两行泪来，他说："好，法师好！"

遂拂袖离去，把和尚关在宫里，仍旧好吃好喝伺候着。

然而国王旋即接到消息，玄奘绝食了。

国王手一抖，恼了，说："那好，他既然不吃，那就不用再给他饭了！他就是饿死，也不要给他吃的！"

四天后，玄奘气息渐弱，国王又在宫里走来走去，开始晃着侍卫："他几个意思？你说他几个意思！"

最终国王重重一叹，推开侍卫，疯跑到玄奘住处，一脚踢开门，哭着说："法师！你吃吧，弟子不留你还不成吗？"

玄奘闭着眼，没什么胜利者的喜悦，只低低叹了口气。

那天国王与玄奘结为兄弟，相约玄奘成佛，国王便去做他的护法。

国王道："御弟，再留一月为我国民讲经吧？"

国王道："御弟，回来的时候在这儿停留三年弘扬佛法吧？"

玄奘说好。

国王笑嘻嘻派出大批护卫僧人，金银财粮，送他上路。

那天玄奘在城门外回头，眼眸中的三千世界渐渐隐去，只剩下送行的国王，在遥遥挥手。

和尚叹了口气，继续打马向西。

那年国王回宫，怅然若失，侍卫突然出现在他身旁，说："其实玄奘法师给您留了封信。"

国王一头雾水。

国王劈手夺信，信中道："决长河之水，不能深于王恩，举葱岭之山，不能重于王情。来年贫僧若能成就大业，皆是王之恩情使然。有这份恩情在心，前路艰险，便再也不足挂齿了。王勿忧勿怖，还以国事为重，来年贫僧回转，再与王共论经义。"

国王捧信，号啕大哭。

只可惜白云苍狗，霜雪人间，当玄奘取经回唐时，高昌国已经被灭了，国王也已病逝很久了。

那些约定如浮云四散，只剩浮云背后的零星残雨，飘荡在断壁残垣里。

5.长安城里梵音漫天

那些年玄奘西天取经,在雪山里困了七天,终于走了出来。

还曾遭遇两千突厥马匪,要劫他们财货。

玄奘趁他们分赃不均,相互厮打的工夫,偷偷喊人溜了。

偶尔路过几个国家,有和尚自称独步西域、葱岭法匠,都被玄奘三言两语,驳得西域僧人甘拜下风。

惊险处也曾有,五十多个贼人抢光他们的衣物,还要杀人灭口。玄奘从荆棘丛的缝隙里穿过,凭借流利的外语说动附近百姓,八十多个百姓提刀随他回转,救下了他的随从。随从们死里逃生,抱头痛哭,又深深觉着衣物都被抢走,亏大了。

唯有玄奘还淡淡笑着,说:"我们还活着。"

活着,就能继续西行。

玄奘长得宛如朗月入尘,不杂尘埃,眼眸里倒映三千世界。

长得这么帅,曾经让他破例早早入佛门,破例被边境烽火台校尉放走,更有高昌国国王举国相送。

终于也有了麻烦。

一群水匪见玄奘长得太帅,要杀了他祭河神。

众弟子纷纷哭号,想代替玄奘,都被水匪给鄙视了。

玄奘抬头看了看天,有风初起,苍云变色。

他笑了笑说:"如果几位施主定要杀我,能否让我平静赴死,念几段经文？"

水匪们同意了。

玄奘闭目念着经文，弟子哭声越来越大，久久不绝，四周的风声也越来越大。

那段经文很长，水匪们有些不耐烦，玄奘还在念经，僧袍猎猎作响。

经文念完的瞬间，狂风大作，卷飞了岸上枯木，河面翻丈高大浪，水匪悚然变色。

水匪问："你你你，你到底是什么人？"

众弟子七嘴八舌，说："这是求法的高僧，杀之会有大罪孽，天神已怒，还不住手！"

玄奘笑得讳莫如深。

水匪们纷纷反了，越看越觉得这个相貌不该是凡人，怎么刚才就没想到呢！

扑通一声，都给跪下了。

所谓九九八十一难，其实没有什么鬼怪妖魔，只有险恶而浅薄的人心。

那些年玄奘还到过康国，当地不信佛法，常有人去烧毁寺庙。

大概是《西游记》里的车迟国。

但其实解决起来没那么麻烦，玄奘给国王讲了一夜经，国王就大彻大悟了。

刚巧碰上有人烧庙闹事，国王当场就想把那人双手剁掉，以儆效尤。

只是剁掉之前，先瞅了眼玄奘。

玄奘说："我佛慈悲，上天有好生之德。"

遂打了几鞭子，丢出城外了事。

于是，无论原本是偷偷信佛的，还是本来是拜火教徒，喜欢闹事的，尽皆感恩戴德。

当地佛法大兴。

这就搞得人十分想听唐僧讲经。

玄奘抵达天竺时，足迹遍布全国，走访百余寺庙，终于来到天竺王城。

当地高僧为他传经，玄奘过目不忘，还举一反三，高僧叹道："此间群僧，无人能出其右。"

这句话便起了轩然大波，此后众僧纷纷前来辩难，显然，都被玄奘给折服。

这都是基本操作，后来玄奘还去往那烂陀寺求学，又有过不少类似手笔。

比如某同窗自身学问不深，杠精的本事倒学了不少，玄奘指出他佛法有问题，他非说玄奘的论证也是假的。

然后玄奘就写了篇论文，发表在那烂陀寺里，一时间名声大噪。

这位同窗不服，又请外援来战，结果外援刚见到玄奘，玄奘静坐在那里,肃穆,庄严,拈花一笑,外援就连话都不敢说一句。

至于什么学校里的狂人,觉着自己论文巨牛✕,谁能挑出毛病来,就以死谢罪。

玄奘无语了……

玄奘一不小心,抬手破论,狂人怔了半晌,拍案而起:"好!愿赌服输,我把头颅输给你!"

玄奘笑了说:"我要你头颅干什么,你不如跟着我好好做学问吧。"

狂人大喜,扑通就给跪下了。

玄奘无语了……

后来玄奘回国,一路上各国国王争着抢着要留他在国内讲经。

那会儿玄奘名声贼大,国王甲盛情款待,本想结个善缘。

奈何国王甲听了玄奘讲经。

完蛋了,这就不是善缘那么简单了,而是彻底臣服在玄奘的僧袍之下。东边强大的国王乙准备派人来接玄奘时,国王甲死活不放行,他还派人喊回去:"你就是砍了老子的头,老子也不把法师送你那儿!"

玄奘无语了……

国王乙有什么办法,当然只能派兵在边境溜达一圈,让使者过去,好声好气问国王甲:"那您什么时候把脑袋送过来啊?"

国王甲秒尿,放玄奘出境。

在乙国王城,玄奘开始了他的表演,举办无遮大会,公开论文,说:"谁能指出其中错误,与贫僧辩难得胜,则说明贫僧西行无功,愿以死谢罪。"

一十八天,无人敢战。

玄奘仰首望天,想:功业既成,经义在心,只可惜高昌之约再也没有机会相赴了。

四十三岁那年,玄奘回到长安,上表请罪,说自己偷渡出境,有罪于朝廷。

唐太宗哈哈大笑,不以为意,还请玄奘还俗辅佐自己,被玄奘拒绝。

那天长安城里烧香散花,烟气响动,天边有五色绮云,飘于日下。

玄奘双手合十,站在长街正中,恍惚间见到十三岁的自己初入佛门,说:"此生愿承如来远志,弘扬佛法,普度众生。"

三十年来如一梦,他在西域广施经义,改变了无数国家的风俗,那些曾经崇尚暴力的,习惯恶言相向的,举火闹事的,都因他而改变。

无数百姓因此而活,无数经义传回大唐,于当世有功,后代有德。

西行一路十六年,人间寂寥,尘事苍茫,那颗坠入天地间的朗月,仍旧不杂尘埃,遗世而独立。

若一去不回,便一去不回的是玄奘。

永不言弃,只要还能活着,就还能微笑的仍旧是玄奘。

舌战车迟国,挥别高昌国主,一往无前,不负初心的,从来都只有这一个和尚。

第五部分　那场由盛转衰的大祸

【那场本该早早结束的祸患】

那场将盛唐拦腰斩断的叛乱，本不该绵延这么多年的。

即便由于大唐兵制的问题，搞得边军尾大不掉，权势日盛；即便唐玄宗晚年奢靡，对朝政懈怠，搞得百姓困苦，土地兼并越发严重；即便杨国忠跟安禄山争权，导致安禄山真的大手一挥，领着几十万边军杀进中原……那也本该很快解决的。

第一个解决的机会，当然是安禄山领兵南下，河北望风而降，却因为叛军行动过快，身后埋下了切实的几根钉子。

颜真卿就是一颗重要的钉子。

这个时候如果大唐能迅速反应，正面扛住，腹地开花，安禄山绝不可能打到长安。

奈何唐玄宗听到战报，人们说安禄山反了，他只是轻轻一笑。

唐玄宗狂啊，贼自负，他想这么多年了，这些人的斗争手段，真是什么脏水都敢泼。

安禄山那个狗东西,岂敢反朕?

唐玄宗只当是假的,根本没做回应。

直到安禄山的兵马越来越近,战报越来越多,唐玄宗的脸色才变化起来。

然后起用封常清与高仙芝去驻守洛阳。可仓促之下,洛阳城中久疏战阵的士卒不是安禄山的对手,两人决心退守潼关,等西北军的精锐到来。

这个计划要是成功,安禄山也只能狼狈撤军,一两年内被剿灭。

但唐玄宗又出手了。

唐玄宗怒不可遏,觉得封常清跟高仙芝怎么能失守洛阳呢?怎么能龟缩避战呢?不就是一个小小的安禄山吗?办他!

这两将军私自退守,罪不可赦,当斩。

遂派太监边令诚,斩了封常清与高仙芝。

接着名将哥舒翰据守潼关,天下大乱,原本无处施展抱负的英雄们也便拥了出来。郭子仪五十多岁,跟李光弼在中原大败史思明,只要潼关能守住,就能杀到安禄山背后。

到这个分儿上,安史之乱本该一年平定的。

可哥舒翰与杨国忠不和,杨国忠特别怕哥舒翰这次立下大功,自己身死,便跟唐玄宗说:"哥舒翰不出兵,这是拥兵自重呢。"

唐玄宗见郭子仪等人打得顺利,本就自负的他更不相信安禄山那么难打。

几次三番，催促哥舒翰出兵。

哥舒翰一声长叹，兵出潼关，被安禄山层层设伏，三军覆灭。安禄山长驱直入，向着长安城便闯了过去。

一时间朝廷震恐，唐玄宗忍不住胆寒，他想问问群臣，究竟有什么办法。

其实办法当然有，而且还真有人喊出来了。

这人大家也熟，正是"莫愁前路无知己，天下何人不识君"的高适。

前半生凄风苦雨，多少年独在异乡，别人过年其乐融融，高适只能在破庙里容身，如今他几经辗转，从边塞将军的幕府里跻身朝中。

虽是小官，目光却独到得很。

高适站出来说："长安有天子在此，自有军心民心可用，长安城又是坚城，可以发民夫守城，即使城破也能巷战。安禄山腹背受敌，攻长安不过是垂死征战，只要挡住几日，彰显死守长安之心，叛军自灭。"

这个时候，张巡守在睢阳，叛军得不到江淮粮道，河北还有颜真卿在盯着，中原战场更是被郭子仪、李光弼打成狗。

只要死守长安，安禄山便只能掉头去收拾残局。

奈何唐玄宗想听的不是这个办法。

或许前溯三十年，那个英姿勃勃，要瞒着父亲孤身为家人杀出一条活路,悍然兵变的李隆基愿意用这个办法。

可如今的唐玄宗,已经太老太老,暮气沉沉。

他想听的办法,是杨国忠的办法。

弃城,迁都,逃亡。

于是,天下事遂不可收拾起来。

杨国忠终究也没活下去,马嵬坡一场事变,有人说是唐肃宗谋划,有人说是唐玄宗自己在背后操盘,终究杀了杨国忠与杨贵妃,仿佛如此一来,罪过就有了交代。

几年以后,唐肃宗上位,内有李泌出谋划策,外有郭子仪与李光弼出兵攻伐,收复了长安,收复了洛阳。

安禄山也在这个过程中被部下所杀,史思明更是投降了大唐,只剩安禄山的儿子,被郭子仪等人率大军围在邺城。

唐肃宗这会儿却又想起来什么功高震主了,增派兵马至六十万,去围攻邺城,但死活不交出主帅的权柄,任由这六十万兵马互相节制。

被安禄山的儿子瞅准机会,一波反杀,杀得六十万唐军丢盔卸甲。

史思明又叛了,杀了安禄山的儿子,自称皇帝。

洛阳又成了叛军的,郭子仪却被叫回了长安,解除了他的兵权。

郭子仪能怎么办? 摊上这样的天子,那就只能老老实实苟着。那个当监军的太监挖了他们家的坟,他也只能叹口气,说:

"行军之中，我部下儿郎也挖过别人的坟，或许这就是报应吧。"

功盖天下而主不疑，凭的就是这份任劳任怨。

也不知郭子仪的怨气都泄到了什么地方。

总之唐玄宗、唐肃宗这对父子的骚操作，把顶多三年之内就可以平定安史之乱，硬生生拖成了七年。

仅仅七年的时光，大唐的户籍里少了多少人呢？

唐玄宗天宝十四年，大唐人口为5291万，至唐肃宗乾元三年，这期间一共只过了五年的工夫，大唐在册人口就只剩下1699万人。

满目疮痍，一片惨淡。

天家父子，可恨可诛。

后面的故事自然就是李光弼接过郭子仪的大旗，艰难作战，中间还因为唐肃宗听监军太监的话而不听自己的建议，大败过一场，但总算把安、史两脉皆平定。

这其中，安史叛军里的许多军头投降，从此摇身一变，成了割据一方的军阀。

埋下了大唐灭亡的种子。

【乱天下者，岂此人哉】

从前有个胖子，出生的时候是标准的主角模板，光满天地，百兽齐鸣。

算命的说，此人贵不可言，将乱天下。

当地的将军二话不说，提刀就要去砍了胖子。

奈何胖子有主角气运，他娘带他东躲西藏，竟然活了下来。

既然胖子活了下来，就不能白白地活着。

他要胖胖地活着。

胖子属于吃土都能长肉的类型，他爹死得早，母亲带他改嫁，人在屋檐下，吃喝都不由己。

所以胖子很小的时候，就学会了怎么察言观色，怎么讨好继父。

之后才能有顿饱饭。

胖子那时候还年少，觉得谄媚很羞耻，他联络过几个兄弟，约着一起离开这里，去做一番大事业。

几个少年在茫茫草原上叩拜天地，结为兄弟，发誓要让天下人都听到他们的名字。

只可惜刚跑出去没多久，就又被抓了回来。

大概会有一顿毒打。

或许胖子巧舌如簧，还被少打了几鞭。

或许就是那个时候，胖子突然明白了，其实能察言观色，能讨别人欢心，是自己手中最有效的利剑。

胖子开始磨剑。

他母亲是突厥人，父亲是栗特人，处在边境之地，他学会了六国的语言，隐忍多智，喜怒不形于色，极其擅长猜度别人心思。

胖子当上了朝廷的互市郎，负责交易买卖。

大概是互市郎的工资太低，胖子的朋友又多，又或许是为了吃顿好的，困顿的胖子去偷羊被抓了。

还是被当地的节度使亲自抓的。

那些天节度使大概心情不好，撞上这几个小贼，挥手就要打死。

胖子无比惊恐，他睁大双眼，努力从节度使不展的愁眉里窥见他的内心。

乱棍砸下的时候，胖子眼一闭，大喊道："将军不想灭胡人，建不世之功吗？若想建功，怎能杀我？"

节度使这才仔细打量起这个胖子。

历史上有不少这样的事，因为说了几句大话，而被人注意，之后因为长得好看被人放了。

胖子这个就比较奇怪。

史书记载,节度使"见其肥白",把他放了。

我一头雾水。

胖还有这个好处的吗?!

总之,胖子逃过一劫。

但这只是暂时的,你既然说了大话,那总要付诸行动,节度使当即派他去抓契丹人。

胖子把自己的兄弟都喊过来,说你们还记得草原上的誓言吗?

改天换地,自今日始!

胖子带着自己的五个兄弟,长驱直入,擒获了数十个契丹兵。

节度使赞叹了。

遂给胖子增兵,只是胖子每战必胜,却迟迟得不到升迁。

胖子很奇怪,后来才知道,是节度使嫌他胖。

胖子一头雾水。

当初不是你看我又白又胖才让我活下来的吗?

怎么现在又嫌我胖了!

男人都是大猪蹄子!

但那能怎么办呢,胖子也没办法啊,只好拼命减肥,啥玩意儿都不敢吃,疯狂节食。

减肥还是有效果的,节度使终于觉得胖子像个骁将,把他收为养子,提拔栽培。

只是节度使不知道,胖子最强的武器不是沙场征战,而是口蜜腹剑。

胖子开始凭这柄剑,四处找机会施展。

节度使几年后撒手人寰,胖子趁朝廷使者到来的工夫,塞给使者不少金银,让使者在宫里多多美言。

至于战功,胖子更是捞了批大的。那年契丹犯边,胖子故意按兵不动,等死伤无数还有两个心向大唐的部落叛变,胖子这才出手。

这时候他打败契丹,就是平了一场大乱。

朝廷有人,边境有功,胖子自然平步青云,甚至还经常入宫朝拜。

那个草原上亡命偷羊的少年,最终站在了含元殿上。

胖子认贵妃为干妈,每每朝拜,都是先拜贵妃后拜唐皇,说胡人先拜母后拜父。

某次见皇太子,胖子全不施礼,还问唐皇,说:"太子是个什么官职?"

唐皇大笑,说:"我死后就是太子来继承大宝。"

胖子大惊,说:"原来如此!臣只知有您,还不知有太子这种东西,臣有罪,臣惶恐。"

这个人设就卖得非常厉害。

只是胖子碰到了对手,历史上口蜜腹剑这一招的开山鼻祖,正在朝中当宰相。

宰相笑眯眯地看着胖子,随便听一两句,就能看破胖子的心思。

胖子每次见宰相,都汗流浃背。

不过除了这位宰相,胖子横行无忌,人是变得越来越胖,据说肚子上的赘肉能到膝盖,得人扶着才能动。

但是在唐皇面前,这胖子还能跳胡旋舞,其疾如风。

厉害得不行。

这胖子睥睨久了,开始准备搞波大事,比如灭个契丹之类的,他还想学李靖,兵贵神速直捣黄龙。

胖子长途奔袭了!

胖子激昂士气了!

胖子抵达契丹了!

下大雨了,弓箭全都不能用了。

胖子一头雾水。

有属下劝他:"要不吓吓契丹,撤?"

胖子恼了,说:"不,就要干他娘的!"

胖子差点儿被契丹人射死。

其实胖子还是有本事的,即便有这么场大败,他也还能安抚每营将士,让将士愿意为他效命。

既然立不了大功,胖子想,那就只能去登高位了。天下久无兵戈,我就是最强的那个。

胖子反了,史称安史之乱。

胖子正是安禄山，在反之前还与唐玄宗有过几轮心理博弈。

胖子以为能骗过唐玄宗，隐藏野心。唐玄宗以为能震慑住胖子，却未曾想到，天下已不是当年的天下。

遂有一场浩劫，胖子果真乱了天下。

或许是报应来得太快，安禄山晚年开始眼盲，吃饭穿衣都要别人伺候。

早年间胖子骗过一个人，名叫李猪儿，一直都是他在伺候安禄山。晚年胖子暴虐，又想废长立幼，终于被儿子勾结李猪儿，杀死在卧房里。

曾经唐玄宗问安禄山，你肚子这么大，里面到底有什么？安禄山回他，唯有赤心。

如今长刀捅进厚厚的肚子里，流出来的都是遍地的污秽。

【一个死太监的独白】

很多年以后，我还是会想起自己一封奏疏救下高仙芝的情景。可惜岁月如刀，出鞘不归，高仙芝已经死了，死在我的手下。

我的名字叫边令诚，许多个朝代轮转过去，我知道我一定会以死太监的身份名留青史，但那又如何呢，我的名字注定与高仙芝分不开了。

从前我听人说过，一入宫门深似海，从此诀别的不是萧郎，而是凡尘过去，是不清净的六根。

咔嚓一刀，我痛呼出声，从此成了个太监，也从此有了饭吃。

宫里的水很深，年轻人行差踏错总会有，但我不可以有，我亲眼看着一个个小太监被打断了腿，被扔出宫门，更惨的被打断脊梁，被当场杖毙。

无论他后台有多硬，干爹有多强，倒下的时候所有人都一样。

当我看到高力士都会有保不住的人，我明白，太监们的头上只有一片云。

那就是皇上。

除了皇上，没人是我们的亲人，皇上孤家寡人，有时候还能理解我们。

但这些年来，皇上变得越来越快，殿前让高力士为李白脱靴的那一刻，我不知道他是什么意思。

或许他从来没把我们当人看，只是把我们当作是把阴毒的刀，所以才会装装样子，大明宫中祥和肃穆。

那天我找到高力士，我想请他帮忙，调我离开长安。

高力士看着我，目光深邃，他说："咱们这样的人已经不算人了，是皇上让咱们算个人。你可得想明白了，离开长安，你无家可归。"

我想明白了，长安龙蛇混杂，波诡云谲，我只有离开长安，才能更好地替陛下卖命。

高力士叹了口气，说："你想去哪里，说吧。"

我抬头，给他捶着腿说："想去西北，西北有战事，我想去给陛下当个耳目，探查军中动向。"

其实我并不很想当这个监军，但我知道朝局复杂，我只能离开。

当一个人没有选择的时候，往往会孤注一掷，我去往西北，遇到我命定的人生。

在我命定的人生里，高仙芝是跨不过去的一劫。

我从来没想到会有这样的人，那天他站在辕门外等着我，等到日薄西山，还是含笑如春风拂柳，儒雅温和，胸怀天下。

我不知道一个人是不是能装一辈子，如果高仙芝是装的，我反倒很开心。

因为我终于可以走近他，笑着对他说咱们是一样的人，这么多年，你一定也很累。

但很可惜，他从来没有给过我这样的机会。

彼时，高仙芝从军中走来，握住了我的手，说："天使远道而来，跋山涉水，背井离乡，辛苦至极，如果不是迫不得已，谁会愿意来这里呢？"

那一刻起我就知道，他是把我当人看的，我冷眼看着他，葆有死太监独有的冷峻。

我说："咱家累了，安排咱家睡下吧。"

高仙芝点头说好，喊来一直站在他身后的沉默青年，说："封常清，你送天使过去。"

我斜睨看向封常清，此人斜眼跛足，回敬我的眼神我很熟悉。

我笑了起来，这才是我熟悉的那个世界，没有人看得起我，所有人都忙着钩心斗角，尔虞我诈。

很多年以后，没人记得封常清曾在高仙芝门口守了十夜，也没人记得我与他的恩怨，只记得封常清的幕僚。

那个幕僚叫岑参，写给封常清的诗叫《轮台歌奉送封大夫出师西征》。

有时候我也会唏嘘感慨，这辈子富贵荣华，抵不过一个穷酸诗人，究竟有什么意义？

我读书不多，想不通便也不想了。

倒是高仙芝听说我想读书，特地给我找来一屋子书，我翻着那几本书，心想要不要早些离开西北。

高仙芝待我极好，他带我参观军营，告诉我为何如此扎营，又为何如此训练士兵，哪怕我听不懂，他还是会细心解释。

我曾经问过他，我只不过是个太监，而你是注定扬名立万的将军，为什么对我这样好？

高仙芝失笑，说："我哪里对你好了，我对谁都是这样啊。"

那天过后，我忽然很想一走了之。

我知道一个人如果不想被人拒绝，最好的法子就是先拒绝别人，我依旧可以像个死太监一样，向高仙芝讨钱，使绊子，最后不欢而散。

但是我错了，我喝了一夜的酒，发现自己已经无法拒绝他。

我一直都恨自己是个太监，却从来没有像那天那么恨过，我当初为什么要进宫，为什么不来西北从军？

那样我会成为高仙芝的朋友，乃至于生死兄弟。

高仙芝曾经说过，我现在也把你当朋友。

我转过身没有理他，即便他这么说，我又如何配得上呢？

不久之后，我终于想起了为什么当年没有来西北从军。

高仙芝出兵了，千里独进，要去平定吐蕃之乱。

从前我在宫门外见到断腿的太监，我就两腿软倒在墙根，所以当我看到断掉的肢体与肠子，足足吐了三天。

我忽然想起来，之所以我不敢从军，是因为我怕死。我对高仙芝说："我要留在连云堡，你拨给我两三千人。"

我知道这次进军吐蕃，他只带了一万人，我此时此地做此事，坐定了千古之下死太监的骂名。

我以为高仙芝会笑我，或者让我回西北，就像封常清笑我那样。

但是没有。

高仙芝真的给了我两千兵马，还拍拍我的肩膀说："苦了你了。"

如果一个人对你太好，甚至你无以为报，你唯一可以做的，就是再也不见这个人。

我已经下定决心，高仙芝胜了这一仗，我就永远不再踏足西北。

高仙芝真的胜了，千里独进，在万丈高原上大胜吐蕃，国王、公主以下，大臣、将军悉数被擒，可谓盖世之功。

我坐在连云堡里，没有一丝开心。

我知道，当高仙芝的锋芒越盛，光彩越夺目，我的卑劣与胆怯就会加倍地放大。

哪怕指责我的人看到尸横遍野，同样也会吓得驻足不前，但上表参一本死太监的胆子，他们从来不缺。

尸横遍野，很多时候只是一个词汇，死十万人百万人，有时候也只是一个数字。

如是而已。

这个时候，安西节度使夫蒙灵察派人来找我，说其实他明白我的处境，更明白我的心情，只要高仙芝在这个世界上消失，就没人再会想起留在连云堡的你。

我听说了，高仙芝将捷报上奏，夫蒙灵察因为没有他的功劳，还到高仙芝面前指着他鼻子骂，说高仙芝是一只高丽狗，哪有能耐做到今天这个位子？如果不是他新立大功，一定会杀了他。

言下之意，大抵过些年月，还是会杀了他的。

我不置可否，我明白夫蒙灵察是在嫉妒，所以他才会这么狠毒。我曾经也以为我会一直狠毒下去，但这一次我没有。

我重新给皇上写了封奏折，说："高仙芝深入不毛，盖世奇功，而今旦夕忧死。"

我本可以不加上最后那句话，我只要不说那句"而今旦夕忧死"，高仙芝迟早会死在夫蒙灵察手里，我在连云堡的事便也没人会笑。

可惜我做不到。

所以夫蒙灵察被调走，高仙芝统领西北四镇兵马。他成为封疆大吏的那一夜，封常清拉着他喝到烂醉。

我站在人群外，忽然心底里一阵绞痛。

其实我不在乎别人笑不笑我，我已经被笑过太多次，但是笑我的那些人本身也很可笑,没人能说过得比我好。

除了高仙芝。

高仙芝不会笑我,但他从来过得都比我好,我不想看到别人过得比我好,更何况他对我恩深义重,我还不了。

有时我会觉得自己没有道理,但从来没人跟我讲过道理,好在我保下高仙芝,高力士认为这是个机会,告诉皇上我识大局,忧社稷,是个可造之才,要将我调回长安。

如果故事到这里就结束了,一切都还善莫大焉。

奈何天宝十四年,安禄山反了,烽火席卷天南地北,我再次被派去西疆,去做高仙芝的监军。

这些年里,我还像从前一样,在宫中钩心斗角。我看到李林甫倒了,高力士被冷落了,背井离乡,黯然销魂。

我不能沦落成这副模样,如果我最终也是这个下场,最初又为什么要净身入宫呢?

高仙芝忙碌起来,开始筹备战事,我对高仙芝说:"你能不能让我参战? 分我一支兵马,就像在连云堡时那样,我会听你所说,在某一刻将兵马挥出去,替你迎敌。"

高仙芝沉吟了很久,还是拒绝了我,他说他要为他麾下儿郎负责。

我笑了笑说:"那好,既然你不能让我建功立业,那就给我点钱吧,世道维艰,我总要给自己留条后路。"

高仙芝深深看着我, 双手扶着我的肩膀说:"以死报国,如是而已，哪有什么后路？"

封常清说："我们已经没有后路了，我们不是朝堂里的侍郎尚书，刀口舔血，疆场搏杀，怎么可能有后路？"

封常清的眼神很讥诮，我知道他在嘲讽我，不过我也知道他们没错。

我是个死太监，死太监当然值得嘲讽，我现在拥有的一切都是我靠阴谋偷来、骗来的，机缘巧合蒙来的。他一刀一剑，满身伤痕搏出富贵，凭什么不能嘲讽我？

他当然可以，只是我很不开心。

其实我开不开心也没那么重要，我只是不想见到别人比我过得好。

什么叫作过得好？他们问心无愧，他们举世无双，能凭本事杀出一条血路，我只能厚着脸皮偷蒙拐骗。

但是这个世上能有几个高仙芝，又有几个封常清？

我想出人头地，我想竭尽全力从尘埃里跳出来，没有想到沾染一身泥污。

没关系，能有一时富贵，好过做一世乌蝇。

我不介意别人怎么看我，我只是不想别人比我更开心。

所以我给皇上去了封奏折说："封常清执意退守潼关，不尊陛下进攻之令，高仙芝军中还克扣粮草，罪责深重。"

写信那天，是西北的十一月。北风卷地白草折，胡天八月即飞雪。忽如一夜春风来，千树万树梨花开。

这首诗是岑参在高仙芝帐下时写的,如果他知道我这封奏折的内容,一定会提剑来杀我。

那样我想我会很开心。

盛怒之下的圣旨很快到了,让我军前斩了封常清,只是我没有想到,他会连高仙芝也下令斩杀。

我拿着那张圣旨恍惚了许久,其实我有机会一念成佛,但是我放弃了,我已经在地狱里挣扎了太久,如果你高仙芝能陪我,那该有多好。

我带了两杯酒,在送他们上断头台前,先后请他们吃了顿饭。

在这顿饭吃完的时候,我拿出皇上的圣旨说:"你要死了,封常清,从前你看不起我,你想没想过会有今天?"

封常清看着我说:"其实我们从来没有看不起你,我这人冷峻自负,桀骜不近人情,对谁都是一样的。真正看不起你的,在西北军中,从头到尾都只有你自己。"

我默默喝着酒,一言不发。

封常清说:"能不能留些时间,我给皇上写封信,告诉他战况的实情,不宜速战,该当坚守。"

我点了点头说:"你写,我出去透透气。"

或许是封常清写信的时候吧,我失魂落魄,借来五百陌刀手给自己壮胆,一步步挪到高仙芝帐前。

我也不清楚自己怎么还能开口说话,还能把圣旨给宣读出来。

高仙芝就站在帐前,负手望天,冬天的阳光很苍白、刺眼、灼目。

高仙芝说:"你不是因为封常清看不起你,对吧？你也不是想让我们死,对不对？"

我拎着圣旨,死人般站在那里。

高仙芝深吸口气说:"我知道你心里苦，如果你有机会的话,对皇上回一句话,说抗旨不遵,我死则死矣,克扣军粮绝不是高仙芝会做的事。"

我隐约听到三军的恸哭,我稍稍回过神来,我想这样的情境之下,怕是杀不了高仙芝了吧。

高仙芝自杀了。

高仙芝说:"你们也不必为难边令诚,他救过我的命,况且他是宫里人,他的头顶上只有一片云,那就是皇上,我抗了皇上的旨,怎么说都是要死的。"

我听着高仙芝的话浑身颤抖,看到他拔出腰刀,挥刀如风,四周侍卫还没有反应过来,他脖子上就已经出现了红色的血痕。

血液却还没有喷溅出来。

高仙芝看着我,淡淡一笑说:"以后你要活下去,还要替我去给皇上带话,不能死的。"

我听见血和高仙芝的气息一起喷出来的声音,我一生之中从来没有听过这么好听的声音,像是淡淡的云霓被风吹散,苍天湛蓝,就在其后。

可惜我再也听不到了。

扑通。

高仙芝的尸体坠在地上,我闭上眼,感觉到三军蜂拥上前,竟然还有那么一丝开心。

我仍旧不希望别人过得比我好,但我忽然发现,高仙芝死了,我还是有那么一丝难过。

离开西北后,我又回了长安。

很多年过去,我才发现其实我不仅有那么一丝难过,高仙芝那一刀,虽然刀口很浅,却刻在了我的骨头上。

我仍旧会想起那年冬天西北的阳光,也还会想起血液和气息喷出来的声响,高仙芝入梦而来,从未对我拔刀出手。

连关于高仙芝的噩梦我都做不出,我想我这个死太监当得非常失败。

回到长安以后,皇上逃亡蜀中,天下大乱,我连皇上最后一面都没有见到,流离在狼烟之下。

在我第二百三十五次梦见高仙芝之后,我收拾行李,动身去了灵武。灵武有新登基的皇帝,我想对他说一件事情。

当我抵达灵武的时候,这位并不年轻的皇帝声色俱厉,说我陷害大唐栋梁高仙芝、封常清,罪不容诛,斩首示众。

或许是这位曾经的太子念了高力士一点旧情,问我临终还有什么话说。

我想了想说:"抗旨不遵,我死则死矣,克扣军粮绝不是高仙芝会做的事。"

　　满殿群臣惊疑不定,不太理解我蹦出这句话有什么深意。

　　其实哪有什么深意呢? 死则死矣,我头一次发现自己不会腿软了,如果这个时候让我从军,我一定不会害怕。

　　原来一无所有,就可以不再害怕,可惜我没有早点儿明白。

　　临刑前,我对刽子手说:"麻烦你出刀的时候快一点,我想听听我血液喷溅出来的声音,会不会也像风吹云霓,蓝天湛湛。"

　　咔嚓。

　　又是一刀,断我此生遗情宿命。

四

从前有个太子,毕生的梦想就是当个音乐家。

然而他爹娘不同意。

他爹说:"儿子,你的梦想应该是好好活下去。"

太子一头雾水。

太子说:"爹,退一步来讲,即使你们不同意我当音乐家,那也应该鼓励我当个好天子啊。"

他爹叹了口气说:"天子哪有那么好当。"

那会儿真正掌控天下的,并不是太子的爹,而是太子的奶奶。奶奶垂帘听政,随时能让老爹退位。

还不到十岁的太子叹息一声,说只希望到时候我还能吹笛击鼓。

他爹一头雾水。

那会儿太子刚出生没几年的三弟恰好在旁边,睁着大眼睛看他们,不懂他们的意思。

太子摸着三弟的小脑袋,说:"果然还是当个小傻子最好啦。"

三弟渐渐长大,他经常追着太子到处跑,只是有

322

时候他会很奇怪,他们跑出一定的距离,就会有凶巴巴的侍卫阻拦他们,说:"殿下不能再往外了。"

三弟就很奇怪地看着太子。

太子说:"走吧走吧,哥哥吹笛给你听。"

三弟就又笑起来,欢呼说:"哥哥最好啦。"

这年三弟五岁,他的父亲从天子位上被废了,连同他们一家,被幽禁在宫中。

刚开始的时候,还有些人来看他们,后来三弟就见不到他们了。

三弟问太子:"哥哥,那些白胡子老爷爷呢?"

太子沉默片刻,笑着说:"他们走啦,你奶奶不让他们来看我们。"

三弟皱着小眉头说:"奶奶好坏啊。"

太子吓了一跳,慌忙堵住三弟的嘴,一本正经地告诉他说:"奶奶英明神武、貌美如花,怎么能说奶奶坏呢?"

三弟挣开太子的手,眼睛一眨不眨,望着太子说:"大哥,那些来看我们的人是不是已经死了?"

太子无语了……

太子叹了口气,说:"人太聪明了不好,你何不当久一点小傻瓜。"

三弟抬头看这四角天空,攥紧了他的小拳头,说:"哥哥你放心,等我长大一定把咱们都带出去!"

太子笑了笑，说："有机会的。"

这话自然是不能说，而等待总是漫长的，他们兄弟几人还有老爹，被幽禁宫中十年。

这十年间，三弟的母亲被诬陷而死，他们的父亲也面临诬告，说他要谋反。

三弟义愤填膺，说："谋反？谋谁的反，这天下究竟是谁家打出来的！"

太子一向冷静，说："三弟慎言，爹会撑过去的。"

这样的岁月仿佛没有尽头，而三弟默默读书，太子纵声击鼓，竟也熬了过来。

三弟十四岁那年，老迈的奶奶终于还是决定把大权放还给太子的家族。

兄弟几人终于迈出了皇宫，可以在宫外找到居住的地方了。那天他们兄弟几人饮酒大醉，正值少年的三弟指天画地，说："将来我们不管身份如何变化，我要这座宅子永远都在，我们永远都要像今天一样痛快！"

很多年以后，三弟发动政变时，不知有没有想起这句话。

往后的许多年里，三弟与太子亲眼看到了朝中一次又一次的动乱。

有人发兵，强劝奶奶退位，把三弟和太子的伯伯扶上了天子位。

而这位大伯生性懦弱，朝政很快被大伯的妻子把持，为祸天下。

那段时间里,三弟常去找太子喝酒,说:"我最近经常想起被关在宫里的岁月,你说改日我们这位皇后婶婶掌控朝廷,我们一家人,会不会被忌惮?"

太子沉吟着:"你想怎么做?"

此时的三弟已经长大了,他意气风发,正要践行当初的诺言。

他说:"我要把咱们一家,带到安全的地方。"

三弟联系他的姑姑,要再次发动政变,夺权,让自己的老爹重新当上天子。

太子深吸口气,问:"要不要告诉爹?"

三弟摇摇头说:"不必,事成之后他自然知道,倘若事败,他不知情,总还有活命的机会。"

三弟站起来说:"我一人做事,尽量一人当吧。"

星夜如荒原般辽阔,三弟提剑入宫城,所向披靡,策反禁卫,一路杀到当朝皇后面前。

大事遂定。

这时才得知一切的老爹瞠目结舌,又惊又怕,抱着三弟就是一阵痛哭。

老爹说:"宗庙社稷,功成在你。"

只是故事并没有这样结束,这个王朝自开国以来,皇位的继承就没有顺利过。

比如现在，太子嫡长，又还贤明，三弟却立下夺位之功，谁来继承皇位呢？

弄不好，就又是一次玄武门之变。

那天夜里，太子找到三弟，在他们刚刚逃出宫门时饮酒作乐的大院里。

三弟笑着说："哥，再给我吹段笛子吧。"

太子摇摇头说："吹什么笛子，我来告诉你，你哥永远是你哥，你哥那么贤明，用得着跟你抢东西？"

三弟一脸茫然。

太子笑着说："我已经告诉过父皇了，承平年代立长不立贤，如今天下不平，立你比立我好。"

三弟瞪大了眼睛，他还找了一群人推荐自己，没想到哥哥直接退出了游戏。

三弟抿着嘴，有点想哭。

太子哈哈大笑，说："从今往后，我终于能去搞我的音乐了，你可别闲着没事找我，再戳我两刀之类的。"

三弟使劲摇头，说："才不会呢。"

后来的很多年里，三弟都没有忘记当初的话，他真的把兄弟们都聚在这个院子里，一起喝酒，一起玩闹，喝醉了就横七竖八躺在彼此的腿上。

即便三弟当了天子也还一样，在这个地方只有兄弟，没有天子王爷。

三弟每每吃到了什么美味，第一反应就是给太子送去尝，后来太子老迈得病，三弟也倾尽一切力量去救治，让他能多活一年，就多活一年。

太子六十三岁那年，还是在梦中安稳去世了。三弟痛哭流涕，不顾其他人的反应，非要追封自己的大哥天子称号。

曰：让皇帝。

太子名叫李宪，幽禁宫中的那些年，叫作李成器。

三弟则出名得多，唐玄宗李隆基。

第六部分　文丞武尉

日暮的时候，阳光从窗棂外泼进来，染红了书生面前的笔墨，像是他胸膛里的血。

耳边又传来隐约的喧闹，书生叹了口气，他知道，这是岳父、岳母在因他争吵。

这是岳父的府邸。几年前书生来府中做客，他孤零零坐在角落里喝酒，磊落不群，被岳母与千金一眼看中。

遂召书生为婿，入赘豪门。

那天岳父冷眼看着他，语重心长："年轻人凭一点皮肉行走世上，是会吃大亏的。"

这话像是落入书生胸膛里，化成一股浊气，久久地盘旋不去。

书生回道："小婿明白，多谢岳丈提点。"

他说完这句话，只觉得胸中浊气又多了些，吐不出，咽不下，像要把自己憋死。

那些年里，岳父看不起他，府中的奴婢自然也都怠慢他，管家时常冷眼讥讽。有时岳母会出来喝骂，管家便淡淡地认个错,目光里还是会射出刀子来。

夜里书生难以入睡,会走到中庭,负手望月,脑海中半生抱负电闪而过,他想:我是不是不该进张府?

这个念头还没有转完,他已听到身后的脚步声,有双纤纤玉手,从腰后环到他的身前。

那是他的妻子,妻子抱着他,声音平缓而不容置疑,她说:"我的夫君才兼文武,昂藏七尺,岂能忍奴仆欺辱,虚掷时光?"

月光倾泻,两滴泪落在书生的颈上,这是书生妻子的泪。他想:进了张府,是我三生有幸。

次日黄昏,书生望着晚霞燃起的笔墨,耳边是窗外岳父、岳母的争吵声。他站起身来,走到院子里,对岳父淡淡道:"小婿愿离家游学,望岳父允准。"

吵闹声骤停,岳父大喜过望,给他张罗车马,送他金银财货,恨不能他立刻出门。

岳母和妻子送他到长亭外,书生笑了笑,把车马都赶回家里,只带着妻子的首饰和几本书籍上路了。

阳光洗掉天地间的晨雾,书生昂首向东,他想自己定能功成名就,荣归故里。

只可惜几年之后,书生也不过混成了凤翔节度使张镒的幕府属官。

那年书生三十七岁,天下大乱,他的顶头上司张镒被杀,圣驾逃离京师,来到奉天。有叛将准备擒下书生,投奔叛军主力。

此事被书生察觉，叛将唯恐被杀，连夜逃亡。

结果乱军也要拉拢书生，给书生册封官员的使者，恰被叛将撞见。

叛将想：若书生是自己人，那我何必要逃？

叛将又回了陇州，书生毕恭毕敬，先领乱军的使者进城，含笑领下乱军的册封。

书生说："我快四十岁了，仍旧一事无成，能辅佐将军改天换地，是我的荣幸。"

使者大喜，趁机让书生大开城门，放叛将进来。书生笑："这位将军不辞而别，去而复返，如果真的对在下放心，还请解甲卸兵，我自然会放将军兵马进城。"

叛将与使者商量片刻，信了。

次日，书生大摆酒宴，谈笑间高举酒杯道："在下碌碌半生，一事无成，如今时不我待，愿借二位一样东西，成就功业。"

二人茫然道："何物？"

书生长笑三声，猛将酒杯掷地道："借尔头颅一用！"砰然一响里，酒杯碎成无数的刀剑光影，帐外拥来的刀斧手声色俱厉，把叛将与使者斩成两截。

天日昭昭，书生站在高台上，秋风扬起他的长发。他拎起二人头颅，扬声大喝："我愿与诸君共诛首恶，生死不弃，若有背离，天雷殛之！"

那段时间，乱军席卷天下，丞相都勾结叛匪，书生独镇陇右一座孤城,如擎天之柱,平西线战事,定陇州民心。

风声猎猎,书生披甲提剑,终于等到了战事结束的那天。他从战场上下来,圣驾回京,为表彰他的功绩,让他取代张延赏,去做剑南西川节度使。

而张延赏,正是书生的岳父。

黄昏将归乡的大道割成两段,一段是出门远游时触目可及的飞尘,一段是胸中积郁了几年的浊气。

当黄尘走罢,书生踏入城门,那口浊气随他的目光,飞向天际浮云。

有奴仆飞报张延赏,说:"新来的节度使,也,也叫韦皋,跟姑爷同名同姓!"

岳母说:"此必女婿也!"

岳父皱起眉头说:"天下同名同姓的何其多,你那个女婿,早死在不知名的沟渠之中了,怎么可能是新来的英雄?"

话音未落,张府门外便有个熟悉的声音响动。

那声音是:"岳母,夫人,我回来了。"

张延赏骇了一跳,回眸处恰见书生身着官服,神情散淡地站在门口。

妻子从后院奔出,见到书生的那一刻,驻足在庭院里,泪落如雨,笑道:"我就知道,我就知道……"

那天书生厚待岳母,陪夫人逛了一天的街,买了无数首饰,又把曾经欺辱过他的奴婢都喊了过来。

奴仆们瑟瑟发抖,书生笑了笑,说:"你们放心,我大人有大量,会给你们留个全尸的。"

门外有军士拥进来,把哭爹喊娘的奴婢一一杖毙,扔进了蜀江之中。

那天岳父自始至终低着头,不敢看书生一眼。

这只是书生起点男主文的小开头,此后他镇守蜀中二十年,封疆大吏,高度自治,同时还保有对朝廷的忠诚。

那些年西南多事,书生重新与南诏建交,出兵收复失地,痛击吐蕃。

前后共破吐蕃四十八万兵,擒杀节度、都督、城主、笼官一千五百余人,收牛羊二十五万,器械六百三十万,一雪吐蕃攻破长安之辱。

同时,书生爱民如子,将蜀地税赋改成三年一交,百姓见其塑像必拜。

作为起点男主,当然也少不了美人相爱。

薛涛之所以成名,正是因为书生的赞叹,薛涛的《十离诗》就是写给他的。

还有玉箫姑娘两世情牵,非他不嫁,更是如梦似幻。

篇幅太短,以后有机会再说吧。

此人名叫韦皋,立功西南,开拓万里,功名之盛诸葛之后未之有加。

【死里逃生的名臣】

从前有个进士，年少中举，飞扬跳脱。当监察御史时，怼人怼得有点狠，被排挤在外，风风雨雨几度春秋。

那会儿有个宰相，在还没当宰相之前，于蜀中任职，恰好撞见书生。

宰相看见书生的公文："啧啧，才华横溢。"

宰相听到书生的事迹："啧啧，骨鲠之臣！"

宰相最后一拍大腿："朝廷最缺的就是人才，把这人给我找来，历练几年，我推荐他回京！"

书生便乐呵呵地跟在宰相身边，处理公务一丝不苟，偶尔对月吟诗，酒酣耳热，两人也说得情投意合。

几年后，书生重回朝廷，天下乱象纷呈。

当时田家在河北自立山头三四十年，朝廷想管都管不了，新任家主突然就要归降，还请朝廷派人来安排官职。

朝廷有点蒙，搞不清状况。

朝廷再一回头,想找个使者,发现群臣呼啦啦都往后退。

只剩书生,还一脸淡然地站在原地。唐宪宗哈哈大笑说:"爱卿果然忠肝义胆!"

那年书生已经四十七岁了,半截身子入土,生死已在度外。

书生心想:我是宰相的门生,不能给他丢人。

于是在河北镇定自若,与田弘正谈笑风生,田弘正觉着朝廷有能人,降了。

朝廷一头雾水。

几年后,书生声名鹊起,宰相也重返京城,两人相见长笑,凑一起又醉酒高歌。

只可惜这样的时光太短,没过多久,几路叛军势大,前线的军饷都被叛军给烧了。

显而易见,此时就有主和派跳了出来,说:"不行就给叛军封个节度使嘛,别打了别打了,惹不起惹不起。"

书生刚想出来骂,就发现有人当先站了出来。

这人相貌堂堂,正是宰相。

这会儿宰相已经真的官拜宰相,唐皇特信他,当场决定让宰相主持军务。

书生很是激动,站出来与宰相一力主战,操持钱铁国事,支撑朝廷大军前线拼杀。

这就惊动了叛军,不除二人,叛军不能安寝。

遂派出江湖高手,进京刺杀。

那天宰相上早朝的时候,天光未亮,刺客便已经到了。宰相与刺客隔着火把对视,他呼出口霜气,没有后退一步。

破晓之前,刺客杀散随从,斩下了宰相头颅。

之后刺客又提剑去杀书生,剑光灼灼,刹那间刺出漫天梨花,书生脚、背、头颅皆中剑,滚落沟中。有侍从舍命相救,被刺客挥剑斩断臂膀,冷冷望了书生一眼。

书生躺在沟中,纹丝不动。

刺客这才拂袖离去。

那天书生戴的帽子很厚,没死,晕倒沟中。晨雾凄迷,书生站起身来,星光里恍如隔世。

须臾之后,书生回神大喊,他让人把断臂的侍从带去医治,自己匆匆奔向静安里。

那是宰相家宅所在。

当书生赶到的时候,宰相已经气绝多时,连头颅都被刺客拎走了。

书生怔在原地,不久前他还与宰相喝酒,调笑宰相双鬓如雪。

白发不能容相国,也同闲客满头生。

宰相说:"估计天下太平,大唐中兴,我这满头白发自然就褪去了。"

可惜宰相倒在了中兴前夜里。

338

宰相叫作武元衡，他的死吓破了百官的胆，群臣要求罢免书生，安抚叛军。

唐宪宗私下问过书生："你还想留下帮朕吗？"

书生斩钉截铁："臣有进无退，虽死无悔。"

唐宪宗大声叫好，朝会上痛骂百官，说："若是罢了书生，贼人奸计得逞，彼时我倒想看看，是谁来重整河山？"

殿前鸦雀无声，唐宪宗静默片刻，转头望向书生道："也无须你们谁来插手，大唐依仗书生，定能平叛擒贼！"

书生昂首出列，双眸里都是烈火，他沉声道："臣必不辱命！"

那些年里，书生整顿京城人心，提拔名将。偶尔夜深人静，书生梦回当年，睁开眼时，他都会握紧双拳，说："相国放心，学生定当替你报仇，还大唐太平中兴。"

战事旷日持久，前线屡有败绩，便又有官员上疏请和。

大唐的气概，从来没有这么容易弯腰，唐宪宗拍案而起，说："胜败乃兵家常事，不过一将失利，三军将士抛头颅洒热血，说不打就不打，大唐的儿郎都白死了？"

唐宪宗安排下去，分析战败原因，尽快集结粮草，重整士气，再行决战。

奈何相比粮草，士气这种玄学的东西，一时半会儿真的很难振作。

此时书生站出来，说："臣愿去前线督战。"

唐宪宗瞪着他，说："你一介书生，若一去不回……"

书生道："贼灭，则归来可待；贼在，则后会无期。"

那天君臣相对落泪，拱手拜别。

沙场点兵，那会儿在行军之中，多有宦官监军指手画脚，由不得主帅。书生当机立断，把所有监军都赶回宫中。

又亲自来到阵前，勘察地形。敌军箭矢擦着他肩头飞过，他也面不改色。

遂三军听命。终于在那个雪满天地的夜里，他麾下名将李愬雪夜破蔡州，大败敌军。

从那场大雪开始，书生出将入相，与唐宪宗一起重整河山，天下初定，史称元和中兴。

那年长安城里，斜阳古道，书生在静安里洒下杯酒，说："相国，你没走完的路，我替你走了。"

不久后宪宗病逝，书生自知功高盖主，也该到退隐时候了。

书生为相二十多年，晚年虽人在京城外，仍旧在政变之中救下了不少人。

他提拔韩愈，救过刘禹锡，很多年以后隐居洛阳城，与白居易等人吟诗醉酒，高歌烂漫。

书生名叫裴度，人称一身担国之安危、时之轻重。七十五岁那年，书生病逝洛阳。

黄泉古道，彼岸花开，他看见那个早早遇刺身亡的相国，那个一力支持他的唐宪宗，都笑嘻嘻地等着他，已经等了很久。

相国白发复黑,宪宗满腔热血。

于是书生也笑了,像是回到少年时,眼角眉梢里都是意气风发。

【银枪白马的小将】

这是一个白袍小将的故事。

那年男主还小,他爹早亡,正赶上改朝换代的时候,家道很快中落。

从锦衣玉食变得一无所有。

男主遇见女主的时候,女主还偷偷从家里拿好吃的接济他。

那会儿男主刚穷,死要面子,小小的一个男孩鼓着腮帮子打掉了女主手里的饭。

男主说:"我不要别人施舍,我能自己找到吃的!"

女主哇的一声哭出来。

男主就手忙脚乱地说:"你别哭啊,我错了还不行吗?"

女主还是哇哇地哭,男主从来没见过这场面啊,平时跟欺负自己的小孩打架都没这么惨。

男主又把女主的饭从地上拿起来,吃得满脸都是泥,还嘿嘿直笑,说真香。

男主与女主就成了朋友。

有时他们相约在田间地头，说不着边际的话。

男主说："我肯定是会走的，等我练好武功，我就是这世上最了不起的英雄，我要把我失去的一切都拿回来。"

女主兴奋地叫好。

只是男主不知道，有时候拿回了一切，却会丢掉眼前的姑娘。那年男主还是出门了，去闯荡江湖，去行侠仗义，只是江湖路险啊。

大唐的豪侠很多啊，大碗喝酒，大块吃肉，但往往不得善终，你永远看不到出头之日。

女主还给男主写信："你什么时候回来呀，你家的地里都长草了。"

女主又说："你再不回来，我就要嫁人了。"

那年男主狂灌了三碗烈酒，最后看了一眼江湖，拍马回头就要去找女主成亲。

或许是因为江湖不太平，有些贼匪要男主英雄救美，或许是女主倾心相许，又或者是女主家慧眼识珠，他们还是成亲了。

之后男主就跟女主男耕女织，过平淡生活。

有时男主也会想起自己的江湖生涯，想起自己曾经的凌云壮志。

回过头，发现地又该翻了，自己老家的坟也该迁来这里了。

蹉跎岁月，男主就三十岁了，夜半无眠的时候，女主盯着他看问:"夫君,你不开心呀？"

男主点点头,又摇摇头说:"没什么,只是有点不甘心,世上志大才疏的人这么多,不缺我一个。"

女主抱紧了男主说:"你才不是志大才疏,我出门打听过了,朝廷要征辽东,还是天子亲征,夫君你去吧,你一定能出人头地的。"

男主问:"万一我回不来呢？"

女主就笑说:"我夫君不会回不来的,我等着你。"

那年男主提起旧时刀,披上娘子新做的白袍,踏上了未知的战场。

沙场中生死有命,武功再高也可能被乱箭射死。

男主的某位将军就一不小心身陷重围,再悍勇的人也会被活活拖死。

男主遥遥望见,深吸口气,逆着人流匹马直上。

眼前似乎不是刀光剑影,而是归家的路,他想:只要扬名天下,我就能回家了。

于是千军万马里,一袭白袍猎猎作响,有三十岁的昂藏汉子枪出如龙,如入无人之地。

杀贼,救人,横刀立马。

从此军中开始有了男主的名字,男主也终于有了机会带兵冲阵。

二十五万敌兵依山驻扎,各队人马艰难厮杀。

男主提了枪,娘子做的白袍吃饱了风,他大喝一声领兵而下。

恰逢九霄云外起惊雷,敌兵仿佛见到雪花飘落,利刃与血光绽放,白袍小将所向披靡。

他仰天长笑,提枪斜指,说:"我的娘子在等我,你们谁人堪可一战!"

史称:高丽举国大骇,后黄城、银城皆自拔遁去,数百里无复人烟。

那天李世民亲自接见了男主,年迈的狮子犹能长笑说:"得辽东之喜,不如得一将,随我打天下的人已老,接下来就要看你们了!"

男主叩头谢恩,沙场外晚霞如火。

这就是一个英雄出世的故事,我的姑娘在等我,你们谁能与我一战。

多好的故事啊。

这位男主后来还奋不顾身救了李治的性命,还曾三箭定天山,虽然也有暮年的坎坷,但还是一个极好的故事。

男主正是薛仁贵,待人间岁月消磨尽,一生戎马奔波止,还能与旧时的女主漫步在彼岸花开中。

红尘多少事,就都付笑谈中。

【皇帝、男宠与名臣】

这是一个皇帝与丞相的故事。

丞相自然是个好丞相，年轻的时候白衣飘飘，才高八斗，还热血激昂。

而皇帝就不是什么正经皇帝了，上位的时候就血雨腥风，终于揽权以后还常出幺蛾子。

比如养个男宠啦，比如任用奸臣啦。

丞相自然是看不下去的，就常跟皇帝互怼。

后来丞相几经沉浮，越发的方正、清廉，性冷淡风一路走到底。

于是就越发不好说话。

那年皇帝想去拜佛，丞相就跳出来伸手，说："不行。"

丞相说："天子都要亲自去拜佛，那百姓对佛祖，是不是要比对天子更尊敬？"

皇帝问："那我偷偷去行不行？"

丞相一头雾水。

当然，皇帝的亲信和男宠觉得皇帝这是受气了。

于是申请造一尊巨大的佛像，皇帝抬头就能看见，抬头就能礼佛。

皇帝说："咦？我觉得可以。"

丞相说："不，你不可以，你穷。"

皇帝无语了："没事，反正是佛家的事，我让天下和尚都捐一文钱，自然就成了。"

丞相说："那人力又从哪里出？还不是压榨百姓。"

皇帝无语了……

丞相面无表情地说："你看现在四方不太平，万一再有个灾有个害的，人力和小钱钱都用来修佛像了，百姓怎么办？"

皇帝捂着脑袋说："行行行，我不建了成吧？"

有时候皇帝回到后宫，就会非常郁闷，跟男宠说："我终于知道李世民遇到魏征是什么感觉了。"

男宠就问："什么感觉？"

皇帝仰天长叹："想他死，更想自己死。"

男宠这时候就灵机一动，准备联系上皇帝的几个奸臣，看能不能为皇帝分忧。

分忧，就是搞死丞相。

这会儿又有一件意外的事情，让男宠加快了迫害丞相的步伐。

那是一个阳光明媚、窗明几净的下午。

或者是上午，无所谓，反正男宠正乐滋滋地跟皇帝喝茶下棋。

皇帝被他逗得开心,还赏了他一件南海送来的宝衣,碧绿碧绿的,看起来就特别贵。

没承想,丞相正有事,跑过来找皇帝汇报。

男宠突然有种不妙的预感。

果然丞相一到,看见这画面,也不奏事了,非要跟男宠下棋。

皇帝哈哈大笑,难得见到两人这么和谐的斗气,自然同意。

丞相说:"我觉得单下棋没意思,还要有些赌头。"

皇帝说:"有理!"

男宠越发觉得不妙。

丞相说:"就以我们身上的衣服做赌注,我赢了把他的衣服给我,他赢了我脱下衣服给他。"

皇帝又笑说:"你知道人家身上的衣服多少钱吗?"

丞相一本正经地说:"臣之袍,乃是大臣奏对之衣,堂堂威严,他所穿,不过是小人受宠之物,又有何道哉?"

男宠欲哭无泪。

那天男宠输掉脱衣赌局之后,丞相也没自己穿,随手就把宝衣扔给了家奴。

男宠一头雾水。

皇帝唏嘘不已说:"丞相还是个好臣子啊。"

男宠突然觉得自己的地位受到了极大的威胁。

那年头其实也不太平,皇帝上位的时候掀起了不少血雨腥风,前朝的势力一直都在。

男宠就决定联络奸臣,给丞相扣一个想反的帽子。

奸臣也是个人物,奸臣的本事就是断案。

只要人到了他手里,无论什么案子,你想要什么结果,他就能给你断出什么结果。

丞相也是个断案高手,但丞相断案,往往是案子本来什么样,他就只能断出什么样。

那这就比奸臣差远了。

这一年奸臣凭着捏造的流言和伪证,终于扣住了丞相。

皇帝看着这些"证据",眉头皱得像团疙瘩,奸臣还在下边跪着,等皇帝吩咐。

皇帝揉了揉太阳穴:"你去审吧,丞相文弱,身子不好,你别用刑。"

奸臣大喜过望,他有八十七种方法用刑,但表面上谁都看不出来。

那天升堂,奸臣志得意满说:"丞相,好久不见啊。"

丞相说:"我有罪! 我联络前朝! 我对不起皇帝,我确实要反!"

奸臣一头雾水。

奸臣说:"你这不按套路出牌啊!"

丞相说:"我这是良心发现了,我是真想反啊,我联络了那谁谁谁,还准备觐见的时候迷惑皇帝,我是痛心疾首啊。"

奸臣无语了……

奸臣抬头,脸颊上流过两道清泪。

男宠说:"您怎么还哭了,是胜利的泪水吗?"

奸臣摇摇头说:"不是,这么多年了,我终于有一次没有用刑,就断出案子了。"

男宠无语了……

只是这俩智障没有想到,当夜丞相就趁他们放松警惕的时候飙了一波演技。

他写了自己的冤情夹在棉衣里,哭着说:"我为官这么多年,家无余财,如今眼看就要死了,这件衣服还请你送回家里。"

牢头也知道丞相为人,也是涕泪横流,满口答应。

奸臣竟然也没怀疑。

然后这封书信就辗转到了皇帝手里。

其实丞相究竟有没有心系前朝,皇帝有数。几乎所有人都心系前朝,都指望自己死后,能把江山正统归还前朝子嗣。

只是这些人都躲着自己,都冷眼旁观,都等着自己死。

还有跳出来作乱的,想直接砍死自己。

像丞相这样风风雨雨许多年,能为自己分忧解劳的,唯有他一人罢了。

皇帝站起身来,叹口气说:"算了,这个案子还是我亲自审吧。"

于是丞相便得救了。

很多年以后，直至奸臣都被朝野攻讦，死于非命，丞相还活着，还回朝当了丞相。

他已经老了，皇帝看着他，都笑呵呵地叫他"国老"。

还不让他下跪，不让他值班，说："我看国老下跪，我心里都会疼的。"

史书上曰：每见公拜，朕亦心痛。

丞相说："那你不如让我退休好了。"

皇帝笑着摇头说："那可不行，朕和这片朝堂都离不了你。"

丞相苦笑着说："看来臣只好鞠躬尽瘁，死而后已了。"

皇帝说："国老千秋百岁才好。"

只是终究没有千秋百岁的人，丞相享年七十一岁，病逝长安。

废朝三日之后，皇帝还是要照常上朝，只是面对着文武百官，她突然恍惚了。

仿佛偌大的金殿里人影幢幢，只是大戏一场。

她闭上眼长叹道："朝堂空矣！"

丞相名叫狄仁杰，皇帝自然是武则天，一世君臣相弈，君臣相知。

附录

唐朝皇室,结局好点儿的都跟太上皇过不去,结局差点儿的都直接被杀,颇有特点。

唐高祖李渊:我堂堂开国之君,怎么就成了太上皇?

唐太宗李世民:我让我爹当了太上皇,我儿子想学我,让我也当太上皇,呵呵,他死了。

唐高宗李治:闷声发大财是最好的,儿子一点儿想让我当太上皇的意思都没有,不过我有个老婆叫武则天……

唐中宗李显:我爹死后,轮到我上位,本人非常开心,不禁有点得意忘形。于是一个多月后,我就被我娘废了。连太上皇都不是,直接被废了。

后来我弟弟也被废了,嘻嘻,开心。

当然也没开心多久,我娘上位之后常派人来问候我,我很怕我娘是想问候我全家,用刀的那种。

那些年里,我每次听到京城里有动静,就发朋友圈想自杀。

好在我的好夫人韦氏,与我同舟共济,阻止我,安慰我,让我重振雄风。

重振雄风的意思就是,等我娘老病时,我终于再次上位。

那我当然要好好对我这位夫人,她喜欢跟别的汉子赌钱玩耍,没关系,让她玩儿;女儿想搞些事情,参与朝政,没关系,让她也来玩儿。

我儿子看不下去了,杀进宫来,又想让我当太上皇。

他还是太年轻了,失败了。

结果因为这事,我夫人和我夫人的女儿,诶,我为什么要这样说,难道那不是我女儿……

算了,反正这两人觉得我在,就颇有威胁,出手把我毒死了。

我垂死的时候看到宫门开了,我夫人走了进来,我想说你杀就杀吧,我这条命欠你的,你给我个痛快行吗?

我夫人脸色惨白,我不知道她对我还有没有旧情,我只看到她嘴唇哆嗦了半天,问我:"你,你这是怎么了?"

怎么了?还不是被你毒的……

算了,死就死吧。

唐睿宗李旦：我好好一个哥哥，龙椅上坐了一个多月，没了。我战战兢兢上位，怎么还是被废了？

算了，我妈亲自上位，我还能说什么？

我妈死了，哦，我哥哥又回来了。

咦，我哥也死了？我儿子李隆基说我哥是被毒死的，要我去辅佐朝政。

我有种不祥的预感……

我儿子厉害，打进宫里，让我成功复位，然后他就站在金殿里似笑非笑地看着我。

还问我是不是该立太子了。

李隆基不是嫡长子，我也不是很喜欢他，然而我的嫡长子比我还怂，说："如今国家动荡，立贤不立长，我溜了。"

我还能怎么办？我只能立李隆基。

然后我就怎么坐龙椅屁股都不舒服，我想了想，还是给自己留点面子，别哪天我儿子等不及再杀进宫里，我多丢人。

我主动让位，成了太上皇。

武则天：名义上来讲，人家是大周的国号，不该在这群人里面，但实际上吧……算了，厉害就完了。

唐玄宗李隆基：我，玄宗，牛！诶？我怎么也成太上皇了？

不就是一个安禄山吗？老子分分钟平了他！儿子你干吗？你

怎么让我也去当太上皇了? 放开我, 我还是那个横扫天下的李隆基!

太上皇的宫殿里空空荡荡, 我安静下来, 那个属于我的时代, 原来还是过去了。

唐肃宗李亨: 我让我爹当了太上皇, 然而这并没有什么卵用。我的太监们厉害得不行, 杀我后妃, 拥立太子, 又想让我当太上皇。

我岂能让他们如意?

我直接被吓死了。

唐代宗李豫: 都说是太监乱政, 太监是奸臣, 放屁! 我大唐这么多年(边说边哭), 这么多年了, 我是第一个正经的皇长子。长子上位, 天经地义, 我还要太监来保!

当然, 后来我发现太监确实不是什么好东西, 居功自傲, 又想把持朝政, 怎么一个个的都想把持朝政?

我派人刺杀了他, 当年袁绍那个智障要是听曹操的, 像我, 刺杀十常侍, 哪有后来那么多破事?

我平定了安史之乱, 可惜大唐已经不行了, 吐蕃都能攻破长安城了。

这辈子我最牛的, 可能就是没当太上皇。

唐德宗李适：每个坐到龙椅上的人，都以为自己是天命之子，以为自己可以重整天下。

曾经我也这么认为，我严禁宦官干政，改革朝政，重用贤臣，我以为天下事慢慢就会变好。

那些节度使手里的钱权变少，他们不答应，他们开始叛乱。

我并没有太过担心。安史之乱我也打过，他们还能比那会儿更强吗？

可惜我忘了，天下已没有郭子仪、李光弼。

文武百官逃得逃，降得降，长安失陷，只有太监们拼了性命护驾，让我保命。

我才发现前半生所作所为，像个笑话。

后来叛乱平定，我回到长安，任命宦官掌管兵权，多收税，多拿钱，不再招惹藩镇。

身后事？我不是天命之子，身后事我管不了。

唐顺宗李诵：我，刚刚上位，就开始搞改革。参与其中的名人包括柳宗元、刘禹锡，二十三年弃置身都是因为我。

显然，刚来就改革是作死，我被太监逼退了，在位八个月，又成了太上皇。

唐宪宗李纯：我，厉害了，这次是真的。在位十五年能打能抗，削平藩镇，政治清明，一度大唐中兴。

我觉得我儿子肯定不如我,想让大唐再续一波,我要活久一点。

遂狂求仙丹,于是驾崩。

有人说我嗑药嗑得脾气暴躁,是被太监所杀;有人说我看不惯我儿子,是被儿子他妈所杀。

无所谓了,这些年我干得不错,不知大唐能续命多久。日薄西山,还能旭日重升吗?

唐穆宗李恒:我,玩就对了,大唐江山是什么?不在乎。上位四年,三十岁,准时去见阎王。

唐敬宗李湛:我,在位两年,年仅十八,跟我爹一样,玩就对了。有大臣叩头流血劝谏,我当然很感动,表扬,赏,但我改是不可能改的。

特别能玩,会玩,还喜欢玩人,十八岁那年,被我玩的太监受不了,砍死了我。

唐文宗李昂:朝政呢,我没什么存在感,牛李两派党争。宫里呢,我想杀宦官,被反杀了,嘻嘻。

我还是比我前两任有抱负的,然而生在这个世道,有抱负又有什么用处呢?

唐武宗李炎：我，各位的爸爸。灭佛，削宦官，打仗搞事，都厉害得不行。

然后开始嗑药，卒。

唐宣宗李忱：我，也很厉害。早年间疯狂装孙子，多装呢？这么说吧，我是唐宪宗李纯的儿子。你数数过去多少年了，我苟且了多久才让太监们觉得我人畜无害。

太监杀了我那么多兄弟子侄，终于觉得我好欺负，把我扶上来了。

然后，他们完了。

分化一批，拉拢一批，打压一批，从此宫里我说了算，谁不听话，就弄死谁。

朝廷里还有党争？

直接把一党首领拉出去，流放，死都别想回来，谁结党就搞谁，懂？

藩镇、异族，打就完了，收复河湟，天下清平，人称：明察沉断，用法无私，从谏如流，时谓之曰小太宗。

可惜我不是真的太宗，我处理不好我的身后事，我以为我隐忍多年，手腕高明，能让沉沦的帝国再次绽放光芒，但我还是功亏一篑。

我的后辈们，没有让我当太上皇的本事，甚至连抱负都没有了。

唐懿宗李漼：我，平生爱好，请客、唱歌、出门玩，败光了我爹的本钱，开开心心死掉了。

唐僖宗李儇：我，上位时十一岁，比我爹还厉害，平生爱好，斗鸡、马球、唱歌、下棋、赌牌、旅游，什么都干，就是不干活儿。

然后黄巢造反咯，我跑了。二十多岁，死掉啦。

唐昭宗李晔：无语了……我前面两任都这样了，我还能怎么力挽狂澜，不存在的好吗！但没办法，我是大唐的子孙，无论如何都不能放弃。

于是杀宦官，掌兵权，开始准备打击一批藩镇，拉拢一批藩镇。

奈何我手里的兵马实在太少了，打谁都打不过，反而沦落成别人的阶下囚。

我被困深宫，城池被围，听说市面上已经开始堂而皇之地卖人肉了，人肉比狗肉还便宜几贯钱。

那天皇宫里起了火，文武百官都跑了，我停在栏杆前，身后是灼灼大火，身前是白雪堆积。

我想了很久，还是离开了皇宫。

后来我被各路军阀挟持，回到长安，百姓们见了我仍旧叩头。

我泪落如雨,说:"起来吧,我已不是你们的国君了。"

但我还是没有放弃,朱温挟持我,是想挟天子以令诸侯,在进城的时候,众目睽睽,要对我保持恭敬,这是我的机会。

我让他给我系鞋带,他低头弯腰的时候,只要我的侍卫抽刀杀了他,我就还有机会重振大唐。

奈何我的侍卫不敢,我的身上也没有刀。

我还派人联络各地诸侯,我总是想找机会,我总是不会死心,我是大唐的子孙,岂能这样放弃?

后来我发现,我没有可派的人了,我的身边人似是而非,有点熟悉,又十分陌生。

我终于懂了,原来我身边的人已经死光了,朱温又派来模样相仿的人伺候在我周围。

我喝了一夜的酒,拳头紧握,仍旧想着办法。

我永远不会低头认命,或许朱温终于看明白了,他知道,我不死不休。

那年他派来了杀手,取走了我的性命。

我叹了口气,又想起离开皇宫时,漫天的白雪和大火。什么朝代都有亡的时候,大唐当然也是会亡的,只是我很想让它再活些年,再看到它的辉煌和荣光。

唐哀宗:身在江湖,不能自主,终年十七岁,唐亡。